新伝記

平和をもたらした人びと ③

平和を求め続けた伝説の俳《はい》優《ゆう》

マレーネ・ディートリヒ

文／江森 葉子

新伝記

平和をもたらした人びと❸ マレーネ・ディートリヒ

もくじ

マレーネ・ディートリヒって何をした人？

（1901 ～ 1992 年）

ドイツ出身の俳優《はいゆう》・歌手。28 歳で公開されたドイツ映画《えいが》『嘆《なげ》きの天使』で脚光《きゃっこう》をあび、その後《ご》アメリカ合衆国《がっしゅうこく》へ渡《わた》って数かずの映画《えいが》に出演《しゅつえん》した。

第二次世界大戦《だいにじせかいたいせん》が始まると、戦争を進めるドイツの独裁者《どくさいしゃ》、アドルフ・ヒトラーに反対して、アメリカ軍兵士《へいし》の慰問《いもん》にヨーロッパ各地をめぐった。彼女《かのじょ》が歌った『リリー・マルレーン』は、敵《てき》、味方をこえて多くの兵士《へいし》に愛され、ヨーロッパ全体で流行した。

マレーネは、戦後も反戦歌などの歌によって、世界の人びとに平和の祈《いの》りを届《とど》け続けた。

マレーネ・ディートリヒ

～平和を求め続けた伝説の俳優《はいゆう》～

文／江森 葉子

第一章

プロローグ。ベルリンとの別れ

❖アドルフ・ヒトラーの声

一九三三年夏。

三十一歳《さい》のマレーネ・ディートリヒは、アメリカ・カリフォルニア州のハリウッド[*1]で映画《えいが》を撮《と》り終え、夏の休暇《きゅうか》を生まれ故郷《こきょう》のドイツ、ベルリンで過《す》ごすために、ニューヨークから豪華《ごうか》客船「ヨーロッパ号」に乗ってハンブルク[*2]へ向かっていた。

晴《は》れ渡《わた》った大西洋はおだやかで、青空からようしゃなく降《ふ》り

＊1 ハリウッド…アメリカ合衆国《がっしゅうこく》のロサンゼルスにある映画製作《えいがせいさく》の中心地。

＊2 ハンブルク…ドイツ北部にある港湾《こうわん》都市。現在《げんざい》はドイツで人口が２番目に多い。

＊3 パラマウント社…アメリカの映画やテレビ番組の製作《せいさく》・配給会社。

＊4 デッキチェア…豪華《ごうか》客船の甲板《かんぱん》（デッキ）で乗客がくつろぐための椅子《いす》。収納《しゅうのう》しやすい形状《けいじょう》になっている。

そそぐ日射《ひざ》しさえ心地よい。

撮《と》り終えた映画《えいが》は、マレーネをドイツの劇場《げきじょう》で見出し、ハリウッドに連れて来てヒット作を続けているジョセフ・フォン・スタンバーグ監督《かんとく》、ではなく、アメリカへ行ってから初めてほかの監督《かんとく》と撮《と》った作品だった。

（パラマウント社[*3]は監督《かんとく》と私《わたし》を引《ひ》き離《はな》そうとしたのね。でもむだなことだわ。次もスタンバーグ監督《かんとく》といっしょに撮《と》るもの。）

そのとき、ふわっと大きな風が来て、デッキチェア[*4]でくつろいでいたマレーネのベレー帽《ぼう》が浮《う》き上がった。とっさに、煙草《たばこ》をはさんだ手で帽子《ぼうし》を押《お》さえ、白いスラックスにおおわれた長い脚《あし》を床《ゆか》に下ろした。

（そういえば、イギリスの豪華《ごうか》客船「タイタニック号」[*1]がこの海に沈《しず》んだのは私《わたし》が十歳《さい》のときだったかしら。）

なんとなくそんなことを思い出しながら、マレーネはデッキの手すりまで歩いて行き、静かな大海原をながめた。

最初の寄港地《きこうち》、フランスのシェルブール港に着く二日前。

マレーネは身支度《みじたく》をととのえると、部屋からダイニンググルームの夕食へ向かった。ちらほらと集まってくる紳士《しんし》、淑女《しゅくじょ》たちはみな正装《せいそう》。軍服姿《ぐんぷくすがた》の軍人も多い。

マレーネは今夜は、すみれ色のシックなイブニングドレスだ。

ある軍人グループの一人が、声を張《は》り上げた。

「今からドイツ国、ヒトラー[*2]首相のラジオ番組があります。みなさん、いっしょに聞こうではありませんか。」

礼儀《れいぎ》正しいが有無を言わせないその一言で、まず軍人たちが

＊1 タイタニック号…豪華《ごうか》客船。最初の航海《こうかい》で氷山にぶつかり沈没《ちんぼつ》。多くの犠牲者《ぎせいしゃ》を出した。

＊2 アドルフ・ヒトラー（一八八九〜一九四五）…ドイツの政治家《せいじか》。ナチスの総統《そうとう》。第二次世界大戦《だいにじせかいたいせん》を引き起こした。

起立すると、ダイニングにラジオ放送が流れ始めた。

マレーネは、ヒトラーの声を耳にしたとたんに青ざめた。はじめて聞く肉声だった。

(何て汚《きたな》いことば！　マナーのかけらもない乱暴《らんぼう》な話しぶり！　誰《だれ》かれかまわずかみつく野犬のようだわ。)

聞いている人の中には、とくにドイツ人の観光客などは、拍《はく》手《しゅ》をしたり、「ドイツ万歳《ばんざい》！」と叫《さけ》ぶ人までいたが、大半は無《む》視《し》するか、口をゆがめて笑うか、ぼんやり見ているかだった。

マレーネは席を立った。演説《えんぜつ》の内容《ないよう》はともかく、アドルフ・ヒトラーという男の「ことば使い」と「声」にたえられなかったのだ。恐怖《きょうふ》と怒《いか》りが全身にわき起こっていた。

(ベルリン行きはやめるわ。)

マレーネは寄港地《きこうち》のフランスのシェルブールで船を降《お》り、パリへ向かった。

芸術《げいじゅつ》好きのヒトラーが、『嘆《なげ》きの天使』『モロッコ』で一躍《いちやく》世界におどり出て、いまはアメリカで活躍《かつやく》している自分に関心を抱《いだ》いていたのは知っていた。

宣伝相《せんでんしょう》*1ゲッベルスなどは、才能《さいのう》ある芸術家《げいじゅつか》や音楽家に「新しいドイツは君を必要としている」と、熱心に声をかけていることも知っていたが、彼《かれ》らの多くはパリへ逃《に》げ出していた。

マレーネの態度《たいど》はまだあやふやだった。その証拠《しょうこ》に、こうして休暇《きゅうか》を、母のいるベルリンで過《す》ごそうとしていたのだから。

この一九三三年は、ヒトラーが一月に首相に就任《しゅうにん》し、七月にはナチ党《とう》*2以外の政党《せいとう》を認《みと》めないなど、ナチ党《とう》を中心とする体制《たいせい》がみるみる強化された年である。ドイツの動きはまだ流動的で、世界はその動向を探《さぐ》っている段階《だんかい》だった。

しかしマレーネはたった数分のヒトラーの声で、すっかり分かってしまった。ヒトラーとドイツのあやうさを確信《かくしん》したのだ。

＊1 ヨーゼフ・ゲッベルス（一八九七〜一九四五年）…ドイツの政治家《せいじか》。ナチスの宣伝《せんでん》などを担当《たんとう》した。

＊2 ナチ党《とう》…国民《こくみん》（国家《こっか》）社会主義《しゅぎ》ドイツ労働者党《ろうどうしゃとう》。ナチス。一党独裁《いっとうどくさい》でヨーロッパの支配《しはい》をもくろんだ。

ナチス＝ドイツの芸術統制《げいじゅつとうせい》

アドルフ・ヒトラーが率《ひき》いたナチスが権力《けんりょく》をにぎったドイツでは、音楽や美術《びじゅつ》などの芸術《げいじゅつ》が厳《きび》しく弾圧《だんあつ》されました。

アドルフ・ヒトラー（写真：アフロ）

画家をめざしていた アドルフ・ヒトラー

ドイツを戦争へと向かわせたアドルフ・ヒトラーは、子どものころは画家をめざしていたと言われています。美術《びじゅつ》学校の受験に失敗したことで、画家になることをあきらめたようです。

ナチス・ドイツは 「退廃芸術《たいはいげいじゅつ》」を弾圧《だんあつ》

ヒトラーがドイツの政権《せいけん》をにぎると、古典的な絵画を保護《ほご》する一方で、当時の最先端《さいせんたん》であった「キュビズム」といわれる現代美術や抽象《ちゅうしょう》絵画などを「精神的《せいしんてき》な病気の表れである」とし、「退廃芸術《たいはいげいじゅつ》」と呼《よ》んで弾圧《だんあつ》しました。

ナチスから弾圧《だんあつ》されたユダヤ人画家のほか、ワイマールの芸術《げいじゅつ》学校「バウハウス」で抽象画《ちゅうしょうが》の指導《しどう》をしていたパウル・クレーらは、自由な活動を求めて国外へと亡命《ぼうめい》していきました。

「退廃《たいはい》音楽」は 上演禁止《じょうえんきんし》に

バッハやベートーベンなどのドイツ音楽を理想とするナチスは、新しい音楽も美術《びじゅつ》と同じように「退廃《たいはい》音楽」と呼《よ》んで上演《じょうえん》禁止にしました。作曲家のオットー・クレンペラーなど多くの音楽家が国外に亡命《ぼうめい》しましたが、強制収容所《きょうせいしゅうようじょ》に送られて命を落とした音楽家も数多くいました。

❖パリのドイツ大使館

マレーネの旅券《りょけん》（ドイツ国籍《こくせき》のパスポート）は、期限《きげん》が切れる時期になっていた。

それより前からマレーネは、アメリカで、期限《きげん》が切れてもそのままアメリカにいさせてほしいと願い出ていた。彼《かれ》らは、「アメリカ国民になりたいのなら、書類をすべて提出《ていしゅつ》する必要があります」と言った。

アメリカで書類をそろえるのは無理だった。今回はドイツに帰るのをやめたのだから、なおさらである。やむを得《え》ないが、今、このパリでドイツ大使館へ行き、ドイツ旅券《りょけん》の延長《えんちょう》手続きをするしかない。

このとき、いち早くドイツから逃《に》げてパリにいた夫ルドルフ・ジーバーは「つき添《そ》っていくよ」と言ってくれたが、断《ことわ》った。怒《おこ》りっぽい夫のほうが心配だった。飛んで火に入る夏の虫。

マレーネは勇気をふりしぼった。

ナチス＝ドイツの*1駐仏《ちゅうふつ》大使は、*2伯爵《はくしゃく》を名乗るドイツ人。

そのかたわらには、*2侯爵《こうしゃく》だというやはりドイツ人の、背《せ》の高い男が四人控《ひか》えていて、ピクリとも動かない。

「マレーネ・ディートリヒさん。旅券《りょけん》の延長《えんちょう》は問題なく許可《きょか》されることでしょう。

ただし、これからつけ加える話をよくお聞きください。」

大使の物腰《ものごし》はやわらかい。

「あなたはドイツへ帰るべきであり、アメリカ国民になってはいけません。

もしお戻《もど》りになるなら、ベルリンの*3ブランデンブルク門を通る華々《はなばな》しいパレードを約束しましょう。」

パレードなどに何の興味《きょうみ》もない。マレーネは言った。

「私《わたし》がもし帰ったとして、組んでいるスタンバーグ監督《かんとく》は*4ユダ

*1 駐仏大使《ちゅうふつ》…国を代表して、フランスに派遣されている最高の外交官。
*2 伯爵《はくしゃく》・侯爵《こうしゃく》…貴族《きぞく》の称号《しょうごう》の一つ。上位から、公爵《こうしゃく》、侯爵《こうしゃく》、伯爵《はくしゃく》、子爵《ししゃく》、男爵《だんしゃく》。
*3 ブランデンブルク門…十八世紀《せいき》につくられた凱旋門《がいせんもん》。ベルリンのシンボル的存在《そんざい》。
*4 ユダヤ人…ユダヤ教を信じる民族。今のイスラエルあたりに自治国家があったが、約二千年前にローマ帝国《ていこく》によって追放され世界各地に移住《いじゅう》した。

ヤ人ですもの。ドイツでの映画撮影《えいがさつえい》は許《ゆる》されませんね?」

「あなたは、アメリカの宣伝《せんでん》活動に毒《どく》されているのです。そもそも、ドイツはユダヤ人を弾圧《だんあつ》などしていません……。」

「それなら問題ありませんね。あなたがたと監督《かんとく》の交渉《こうしょう》結果に期待していますわ。」

その場が少しざわついた。

弾圧《だんあつ》していない、と自分がついたうそにうろたえていた大使が念を押《お》した。

「戻《もど》ってくる気持ちがおありなら、指《し》導者《どうしゃ》ヒトラーのたった一言で、あな

たの望みはすべてかなえられます。」

侯爵《こうしゃく》たちに先導《せんどう》されて大使館の外へ出たとたん、がくんとひざがなえ、マレーネの体がふるえた。

道路を行ったり来たりしながら待っていた夫は、駆《か》け寄《よ》ってマレーネの腕《うで》を取ると、かかえるようにして車に乗せた。

翌日《よくじつ》、期限《きげん》が延長《えんちょう》されたドイツ旅券《りょけん》が手元に届《とど》いた。

（ヒトラーに気に入られたなんて。これは名誉《めいよ》といっていいのかしら？　それともほかの誰《だれ》かとまちがえたのかしら？）

「ベルリンに戻《もど》ってドイツ映画《えいが》の女王になるように」という要請《ようせい》は、こうして断《ことわ》られた。

このときから、*1第二次世界大戦《だいにじせかいたいせん》のヨーロッパ戦線に、アメリカ兵とともに従軍《じゅうぐん》し前線を慰問《いもん》するまで、マレーネはドイツ、そしてベルリンに、自分の意志《いし》で足を踏《ふ》み入れることはなかった。マレーネは、愛してやまない母国ドイツと決別した。

*1 第二次世界大戦《だいにじせかいたいせん》……一九三九年に起こった世界規模《きぼ》の戦争。一九四五年に終結した。

第二章

誕生《たんじょう》。二十世紀《せいき》はじまりの年に

❖プロイセンのお嬢様《じょうさま》、裕福《ゆうふく》な家庭の一人ぼっち

「マレーネちゃんはおいくつ?」

「八つ」

知らない大人から歳《とし》を聞かれると、いつも実際《じっさい》の歳《とし》より一つか二つ上を答える。そうしても誰《だれ》も不思議に思わない。

赤みがかったブロンドの長い髪《かみ》、透《す》き通るような肌、青白くやせていたので、体が弱く見えるけれども健康で、どこか近寄《ちかよ》りがたい雰囲気《ふんいき》がある。

マレーネはそんな子だった。

生まれたのは、一九〇一年十二月二十七日、プロイセン[*1]王国

1900年ごろのドイツ

の首都ベルリン。二十世紀《せいき》が始まった年の暮《く》れである。

ヨーロッパの歴史《れきし》は領土《りょうど》や国名が変化してとても複雑《ふくざつ》だが、プロイセン王国は現在《げんざい》のドイツ（正式にはドイツ連邦《れんぽう》共和国）の前身ともいえる国で、当時はドイツ帝国《ていこく》の一部になっていた。プロイセン王国の第九代国王ヴィルヘルム二世は、ドイツ帝国《ていこく》の第三代皇帝《こうてい》でもあった。

マレーネの父は帝国警察の警察官。母は、古くから手広く時計製造《せいぞう》にたずさわり王室御用達《ごようたし》*2としての信頼《しんらい》もあった、裕福《ゆうふく》な商家の娘《むすめ》。たがいに引かれ合って結婚《けっこん》し、ベルリンのシェーネベルクという町で二人の女の子を授《さず》かった。姉は、十九世紀《せいき》が終わる一九〇〇年に生まれている。

警察士官《けいさつしかん》の家庭の暮《く》らしはふつう程度《ていど》だったが、マレーネの家は母の実家であるフェルシング家から援助《えんじょ》があり、余裕《よゆう》があった。

＊1　プロイセン王国…一七〇一年プロイセン公国が昇格して成立。ドイツ統一を主導し、一八七一年ドイツ帝国を成立させた。

＊2　御用達《ごようたし》…王室などに用品を納《おさ》める人。御用《ごよう》商人。

そうして母はしつけに厳《きび》しく、とても教育熱心だった。

住《す》み込《こ》みの家庭教師《きょうし》のほかに個人教授《こじんきょうじゅ》の先生もいて、マレーネはなまりのない純粋《じゅんすい》なドイツ語を教えられ、早くからフラン

子どものころのマレーネ。（年齢《ねんれい》は不明）（写真：アフロ）

ス語と英語も身につけた。ピアノとバイオリンも習った。

ふつうより一年早く、五歳《さい》の春には学校へ上がったが、すでに読み書きができたので、すぐ二年生に編入《へんにゅう》した。つまり、一年生から見ても、二年生から見ても、「年下」だった。

クラスメートのないしょ話や笑いの輪に入れてもらえない。マレーネは学校で一人ぼっちだった。

家に帰れば姉がいたが、性格《せいかく》がまったくちがって、厳《きび》しい母に従《したが》ってばかり。マレーネはそんな姉となじめず、仲がいいとはいえなかったから、家でも一人だった。

ちょうどこのころ父が亡《な》くなった。しかし、さびしさはそのせいではない気がした。のちに母は再婚《さいこん》するのだが、父は母の実家の影響力《えいきょうりょく》にかくれた目立たない存在《そんざい》だったから。

あるとき。学校の廊下《ろうか》の窓辺《まどべ》にたたずんで降《ふ》る雨をながめていると、声がかかった。

「何か悲しいことでもあるの？」

フランス人のフランス語の先生、ミス・マルグリット・ブル[*1]ガンだった。マレーネは「いいえ。」と首を横にふった。

「そう。それならよかった。でも、悲しいことがないのに沈《しず》んでいるのは、神さまにそむく〝罪《つみ》〟になるわよ。」

フランスなまりのあるよどみのないドイツ語で、「罪《つみ》」ということばだけフランス語だった。その日から、先生は、毎日同じ時間に同じ場所に来て、マレーネと話をするようになった。

先生にとっては、ドイツ人の生徒（それも利発でかわいい女の子）とフランス語でふつうに話せるのがうれしかったのだ。

先生はマレーネの年など気にしていないようだった。そして、やさしく、聡明《そうめい》だった。

マレーネは先生のおかげで、それまではまるで刑務所《けいむしょ》のように思えた学校の空気が変わり、あわいブルーのリボンがゆれる

＊1 ミス…未婚《みこん》の女性につける敬称《けいしょう》。

ような気分で通えるようになった。

「ねぇママ、ブルガン先生に何をプレゼントしたらいいかしら。古い雑誌《ざっし》から切《き》り抜《ぬ》いたフランスの風景画？　国旗の色、青、白、赤の髪飾《かみかざ》り？　フランスの香水はどう？　フランス製《せい》のカードを添《そ》えて。」

マレーネはいつも先生への贈《おく》り物《もの》を考えていた。さびしさを取《と》り払《はら》ってくれる先生に感謝《かんしゃ》したくて。「まぁ、すてき！」と、喜《よろこ》んでほしくて。

母はそんなマレーネを、いつもほほえんで見てくれる。

母は規律《きりつ》を重んじるまじめな性格《せいかく》で、それが窮屈《きゅうくつ》に思えて反発心がわくこともあったが、お嬢様《じょうさま》育ちで気品のある母のことがマレーネは大好きだった。

「あまり高価《こうか》なプレゼントは先生を困《こま》らせるだけよ。もう少し大きくなるまで待ちましょうね。」

マレーネはもちろん言うことを聞いた。

いよいよブルガン先生の授業《じゅぎょう》が受けられる高学年になると、フランス語の作文を書くために毎日急いで家に帰り、先生が驚《おどろ》くようなすばらしい表現《ひょうげん》を考えたくて、一生けんめい努力した。

赤インクのきれいな文字で添削《てんさく》された作文は、的確《てきかく》な指摘《してき》にほめ言葉も添《そ》えてあり、マレーネの心を満足させてくれた。

深い茶色の目、ゆるくたばねた黒い髪《かみ》、いつも白いブラウスに黒のスカート、ウエストにはやわらかそうな革《かわ》のベルト。ブルガン先生のまなざしがうれしい。

（私《わたし》にはブルガン先生がいる。もう一人ぼっちじゃない。）

マレーネのさびしさが羽根をつけて飛んでいった。

Notiz
buch

❖神さまはどこへ行ってしまったの？

一九一四年の秋、夏休みが終わって学校が始まった日に、教《きょう》師《し》も生徒も全員が大講堂《だいこうどう》に集められた。マレーネは、真っ先にブルガン先生を探《さが》した。

一人の教師《きょうし》が大きな声で、何か演説《えんぜつ》している。

（先生はどこ？）

目をこらして探《さが》しても、見つけられない。そのうちマレーネは気がついた。演説《えんぜつ》の内容《ないよう》が先生の不在《ふざい》と結びつく。

（この八月にドイツはロシアやフランス、イギリスと戦争[*1]を始めたんだわ。

ブルガン先生はフランス人！　私《わたし》たちは敵同士《てきどうし》!?）

気絶《きぜつ》したマレーネに、誰《だれ》かが水を飲ませた。

大通りでは、家々の窓《まど》から国旗が下がり、兵士《へいし》たちが「宣戦《せんせん》布告《ふこく》」を祝って行進していた。銃口《じゅうこう》に花をさし、大きな声で歌

＊1　戦争…第一次世界大戦《だいいちじせかいたいせん》（一九一四～一九一八年）のこと。31ページ参照《さんしょう》。

い、笑いながら。

(私《わたし》はブルガン先生だけじゃなく、フランス語や、手にするはずの未来までなくすんだわ。)

マレーネだけでなく、すべての子どもには「平和な子ども時代」が約束されていたはずだった。それはみごとに打ちくだかれた。学校は、また刑務所《けいむしょ》のようになった。

女学校らしく、学校では、生徒の仕事が編《あ》み物《もの》になった。敵国語《てきこくご》の英語とフランス語の授業《じゅぎょう》がなくなったばかりでなく、全部の授業《じゅぎょう》のかわりに、薄《うす》暗い教室で兵士《へいし》のために、低学年は保温用《ほおんよう》の袖《そで》口カバー、高学年はセーターやえり巻《ま》きを編《あ》んだ。

毛糸は、軍服の色の灰緑色《かいりょくしょく》で、硬《かた》くごわごわしていて編《あ》みにくかった。

マレーネが「ブルガン先生」とつい口にすると、敵国語《てきこくご》を使ったと言われて、クラスの罰金箱《ばっきんばこ》にお金を入れさせられた。

広い校庭で、クラスメートといっしょに「世界に冠《かん》たるドイツ」[*1]を歌い終えた後に、全員で「神よ、イギリスを罰《ばっ》したまえ」と声をそろえて言うところでは、いつも口をつぐんだ。

(神さま、あなたはどこへ行ってしまったの？

いつか戻《もど》ったら、認《みと》めてしまったこの戦争で傷《きず》ついた人たちにあやまる責任《せきにん》があるわ。そうでしょ？　そうよね。)

心で思うことは自由だった。マレーネは、ついこんなふうに、神さまを責《せ》めるような言い方をしてしまう。

学校を休んだ生徒が次に登校したときは、黒い服を着ていた。男たちが戦争へ行くと、ほとんどはもう帰って来なかった。

町で見かける男性《だんせい》は、子どもか、病人か、老人だけになっていった。

大叔母《おおおば》や伯母《おば》、従姉妹《いとこ》たちがいっしょに住むようになり、マレーネの家も、よその家も、町も、女の世界になった。

---

*1 世界に冠《かん》たるドイツ…ハイドンが作曲した弦楽《げんがく》四重奏曲《よんじゅうそうきょく》のメロディーに、「ドイツ国民があらゆる面で優《すぐ》れている」という意味の歌詞《かし》がつけられた『ドイツの歌』という曲。ナチス＝ドイツ時代に盛《さか》んに歌われた。

家では電気と燃料《ねんりょう》を節約したので、夜は七時にベッドに入り、朝は夜明け前に起きて宿題をした。

それから、朝も、昼も、晩《ばん》もカブを食べた。

「カブのスープ、カブのジャム、カブのお菓子《かし》。カブは根から葉っぱまで全部食べられるのよ。ジャガイモもいいわ。消化がよくてお腹《なか》も痛《いた》くならない、すばらしい野菜だわ。」

パン、ミルク、チーズ、肉は配給だった。母が用意する味の薄《うす》い食事に不平を言う人は一人もいなかった。

「マレーネはおさげが良く似合《にあ》うわ。

黒いリボンもね。」

母にほめられてもマレーネは少し笑うだけだ。

戦争の前は、よい香りのする波打つ髪《かみ》をヘアバンドでとめていたのに、いまはそれができない。

母はいつも黒い服を着ていたし、マレーネも、硬《かた》く編《あ》んで肩《かた》までたらしたおさげ髪《がみ》に結ぶのは、必ず黒のリボンだった。

のちの戦争末期に、スペインかぜ*1の予防接種《よぼうせっしゅ》を受けたとき、そのしるしに赤い腕章《わんしょう》がつけられた。

(黒と赤、まるでドイツの国旗《こっき》みたい。)

マレーネは、顔やうなじにあたたかくかかる、やわらかな髪《かみ》を夢見《ゆめみ》ながら思ったものだった。

❖戦争は歴史《れきし》ではなかった

＊1 スペインかぜ…一九一八年から一九二〇年ごろにかけて世界的に流行した感染症《かんせんしょう》。

「ディートリヒさん、電報《でんぽう》です。」

母が小走りに玄関《げんかん》へ出て電報《でんぽう》を受け取ると、目を通して肩《かた》を落とした。

そのころ母はマレーネを連れて、よく「負傷者《ふしょうしゃ》リスト」「死《し》亡者《ぼうしゃ》リスト」「行方不明者リスト」を市庁舎《しちょうしゃ》へ見に行っていたが、その矢先。それまでリストに継父《けいふ》*1の名前を目にすることはなかったのに、突然《とつぜん》の知らせである。

「お父さまがロシアでケガをなさったって……。すぐに行って差し上げなくては。」

母は何ごとによらず〝行動するお嬢様《じょうさま》〟だった。最高司令部から通行許可証《きょかしょう》を発行してもらうと、勇敢《ゆうかん》にもロシアの前線まで出向いて継父《けいふ》を見舞《みま》った。しかし、帰って来たときには継父《けいふ》は亡《な》くなっていた。母は二度目の未亡人《みぼうじん》になった。

「この戦争はなかなか終わりそうにないわ。」

＊1 継父《けいふ》…自分の母親が再《さい》婚《こん》した男性《だんせい》。血のつながりがない父親。

と、母がつぶやいても、マレーネに戦況《せんきょう》のことはよく分からない。

喪服姿《もふくすがた》の母を見て、

(郵便屋《ゆうびんや》さんが来ても、誰《だれ》が来ても、お母さまはゆっくり、ゆっくり歩くようになったわ。)

そう思うくらいだった。

ところがその後、兵士《へいし》になって戦っている従兄弟《いとこ》のハンスが家に立ち寄《よ》ったとき、マレーネは戦争を実感する。

「おお、大きくなったなぁ。」

会うなりマレーネを高く抱《だ》き上げて、ほほにキスをしたとき、母は今までにない険《けわ》しい表情《ひょうじょう》でハンスをたしなめた。

「いやだなぁ、おばさん。マレーネがもう子どもじゃないのは分かっていますよ。この家には、つかれた兵士《へいし》を気持ちよく迎《むか》えてくれる人はいないんですか?」

ハンスは大きな声で話し、灰皿《はいざら》をすいがらで山盛《やまも》りにし、洗《せん》濯《たく》のたらいに灰緑色《かいりょくしょく》のシャツを二枚《まい》残して帰って行った。物静かで平和だった女だけの暮《く》らしが、嵐《あらし》に見舞《みま》われたようだった。

マレーネは何とはなくばかばかしくなり、部屋へ行ってお気に入りの柳《やなぎ》のトランクに入り、体を丸めた。

（あのシャツは洗《あら》って前線に送るのね。もう二度と戻《もど》らないかもしれないのに。）

そう思ったら、急に泣けてきた。

シャツの背中《せなか》と腕《うで》のところが、たらいに溶《と》けた石けん水の中でぷっくりふくらんでいた。

（今まで学校で、たくさんの戦争の、日づ

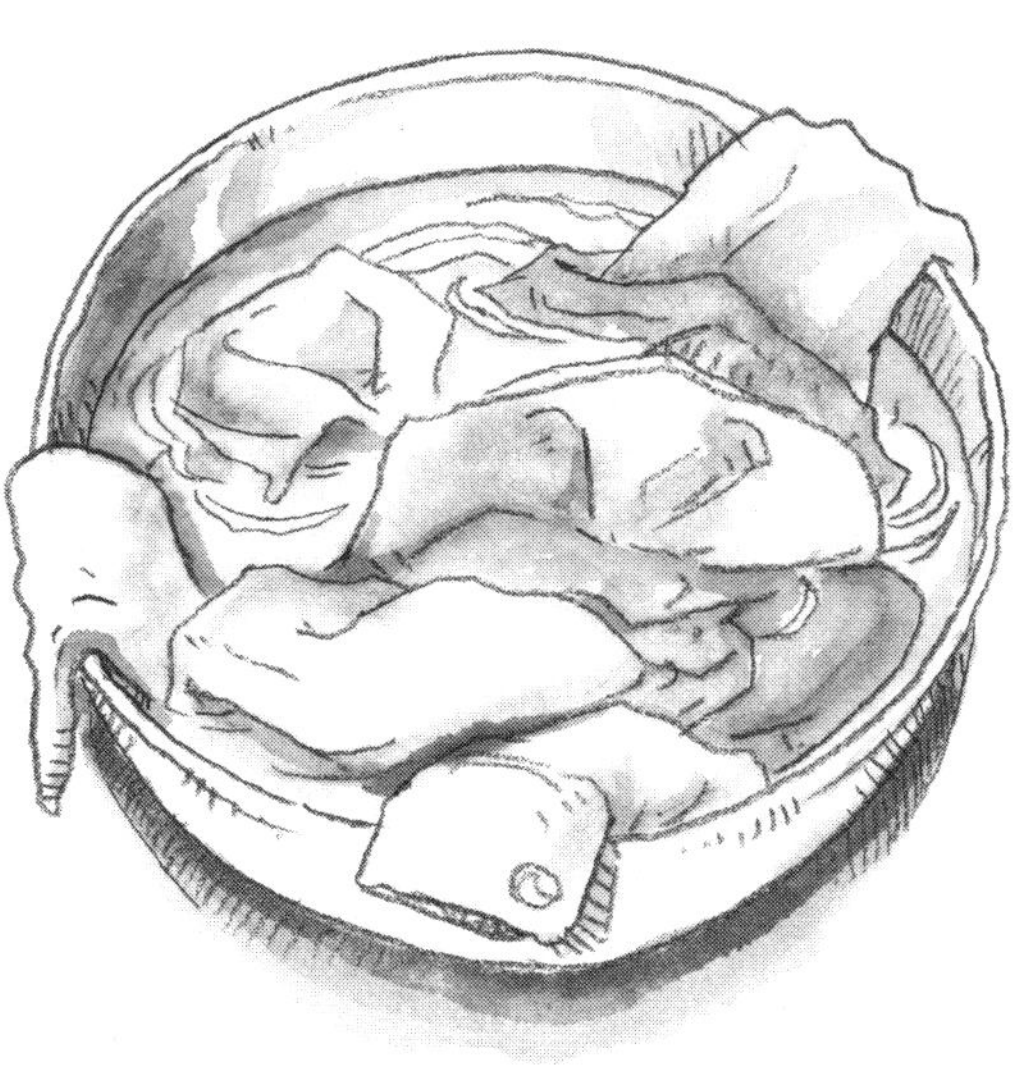

けや動機や結末を暗記したけど。戦争は歴史《れきし》ではなかったんだわ。)

涙《なみだ》はとまらなかった。母が来た。

「ママ。あたしはいままで、きっともやの中にいたのね。ブルガン先生とのお別れも、パパの戦死も悲しかったけど、本当には分かっていなかったんだわ。戦争が……戦争が、とっても辛《つら》いの。」

泣きじゃくるマレーネに、母が言った。

「ドイツの戦況《せんきょう》は厳《きび》しいのよ。ハンスはいま、アメリカ軍と戦っている。戦争を終わらせるためにね。」

「そうしたらママ。ドイツ兵と戦っているアメリカ兵のためにも、祈《いの》らなくてはいけないでしょう?」

「そうね。そのとおりね。あなたの好きになさい。」

母の声はやさしかった。

❖ワイマールの音楽学校

世界を巻《ま》きこんだ第一次世界大戦《だいいちじせかいたいせん》[*1]は、マレーネが十七歳《さい》になる少し前、一九一八年十一月に終結した。

そして、年が明けると、母の実家、フェルシング家の祖母《そぼ》が亡《な》くなった。

「あぁ。エレガントで魅力《みりょく》にあふれ、私《わたし》の一番のお手本だったすばらしい女性《じょせい》。あなたは私《わたし》たちのほこりです。どうぞ安らかに。」

母はもちろんのこと、マレーネにも、生涯貴婦人《しょうがいきふじん》そのものだった祖母《そぼ》の、美しい想い出がきざまれていた。

「とびきりおしゃれで、手袋《てぶくろ》さえあつらえていたおばあさま。フランス人の靴屋《くつや》さんがシーズンごとに新しい靴《くつ》の注文を取りに来ていたわ。その靴《くつ》は本当に軽くてきれいだった……。」

母は、フェルシング家の遺産《いさん》の一部をゆずり受けることにな

*1 第一次世界大戦《だいいちじせかいたいせん》…一九一四年から一九一八年まで続いた世界規模《きぼ》の戦争。ヨーロッパをはじめ、アメリカ、日本など多くの国が巻《ま》き込《こ》まれ、ドイツは敗戦国となった。

った。そのおかげもあり、引き続き娘《むすめ》たちに熱心に教育を受けさせ、たった一人で育てた。戦争や社会や境遇《きょうぐう》に、恨《うら》み言《ごと》の一言ももらさずに。

このころ、マレーネの生活の中心はバイオリンになっていた。イギリス人の家庭教師《きょうし》に付《つ》き添《そ》われてバイオリンの先生のところへ行くと、先生はいつも「仕事」ということばを三回は繰《く》り返《かえ》し、音楽界での栄光を予言した。

彼女《かのじょ》は、母に、マレーネがプロの演奏家《えんそうか》になることをすすめた最初の人になった。

「マレーネ。ワイマール[*1]にすばらしい音楽学校があるのよ。」

母を信頼《しんらい》していたし、家を離《はな》れる不安もあったが言うことを聞き、マレーネはベルリンの南西、ドイツの中央部にある町ワイマールの学校へ入学することになった。

（六人でひと部屋の寄宿《きしゅく》生活は、まるで軍隊みたい。）

1920年ごろのドイツ

＊1 ワイマール…ドイツの歴史的《れきしてき》文化都市の一つ。日本の鎌倉《かまくら》は現在《げんざい》、友好関係都市。

家が恋《こい》しくて泣いた夜は数知れない。そんなときのなぐさめはバイオリンと詩だった。それから、週に三回行くことが許《ゆる》されていたオペラ[*2]も。

ワイマールはドイツ古典文学の偉大《いだい》な文豪《ぶんごう》ゲーテ[*3]が愛した町。作曲家バッハ[*4]が宮廷《きゅうてい》音楽家を務《つと》めた町でもある。

母は、三週間に一度はベルリンから訪《たず》ねて来てくれた。ただマレーネの髪《かみ》を洗《あら》うためだけに。

「さぁ、髪《かみ》を見せてちょうだい。きれいに保《たも》てているかしら？」

母は水がめを使って、水がすっかりきれいになるまで髪《かみ》から石けんを洗《あら》い流したが、仕上げにタオルでこすられて顔まで赤くなった。はずかしかったけれど、幸せな時間だった。

そのうち、ピアノとバイオリンの先生に、「マレーネさんの成果はめざましいです」とほめられ、音楽大学の補習《ほしゅう》クラスで個人教授《こじんきょうじゅ》を受けることになった。

＊2 オペラ…音楽を中心にした劇《げき》。歌劇《かげき》。

＊3 ヨハン・ヴォルフガング・フォン・ゲーテ（一七四九～一八三二年）…ドイツの詩人、劇作家《げきさっか》、小説家、博学者、政治家《せいじか》。主な著書《ちょしょ》に『若《わか》きウェルテルの悩《なや》み』などがある。

＊4 ヨハン・セバスティアン・バッハ（一六八五～一七五〇年）…ドイツの作曲家、オルガニスト。バロック音楽の最後をかざる大音楽家の一人で、「大バッハ」ともいわれる。ナチスから支持《しじ》された。

クラスメートとはちがう待遇《たいぐう》だった。

「好きなときに好きなだけ練習できるのよ。」

そういきいきと話す娘《むすめ》に母は期待し、もちろんマレーネの胸《むね》も高鳴った。

演奏会《えんそうかい》、オペラ、観劇《かんげき》、ほっと一息つける木陰《こかげ》のベンチなどお気に入りの場所もでき、図書館にも足しげく通う毎日。ゲーテのほか哲学者《てつがくしゃ》カント*1にも親しんだ。

ところが。マレーネは急にベルリンに連《つ》れ戻《もど》された。

一九二一年夏、十九歳《さい》のときである。

心当たりがあった。

(ママはバウハウス*2のことを心配してるのね。きっとそうだわ。)

バウハウスというのは、ちょうどマレーネがワイマールに行ったころにできた学校・研究所で、美術《びじゅつ》、工芸、デザイン、写真、建築《けんちく》などさまざまな分野で革新的《かくしんてき》な表現《ひょうげん》を追究していた。

＊1 イマヌエル・カント（一七二四～一八〇四年）…ドイツの哲学者《てつがくしゃ》。近代哲《てつ》学《がく》の祖《そ》と言われている。

＊2 バウハウス…9ページ参照《さんしょう》。

集まるのは今をときめく「新しい人たち」。生活態度《たいど》も考え方も旧来《きゅうらい》とは異《こと》なりとめどなく自由で、それを「風紀《ふうき》を乱《みだ》す者」「悪魔《あくま》のすみか」ととらえる人も多かったのだ。

寄宿先《きしゅくさき》の家にはバウハウスの人たちも部屋を借りていて、食事をともにすることもあった。母の心配は当然だった。

〝年ごろの良家の子女〟であるマレーネは家に帰され、バイオリンのレッスンに明《あ》け暮《く》れる日々が始まる。

一日八時間、来る日も来る日もバッハ、バッハ、バッハ。

そんな毎日が終わる日が訪《おとず》れた。

とうとう、左手の薬指を痛《いた》めてしまったのだ。

かすかな望みをいだいてギプスを外したが、バイオリニストになる夢《ゆめ》はついえた。

マレーネ以上に打ちのめされたのは母だった。失望し、悲しみ、途方《とほう》にくれたような母を見るのは辛《つら》かった。

家での教育は続いた。

もう家庭教師《きょうし》や授業《じゅぎょう》はなかったが、マレーネは自分で勉強したのだ。することがなくぼんやりしていると「何かをしなさい」と繰《く》り返《かえ》す母も、マレーネが本を読んでいると安心した。そうして、リルケ[*1]という詩人と出会う。

（なんてみずみずしい詩！　美しくて、荘厳《そうごん》で、繊細《せんさい》で！　リルケの詩を暗記して、大声で朗読《ろうどく》したい。）

マレーネは、それができる唯一《ゆいいつ》の場が「舞台《ぶたい》」だと直感する。

＊1 ライナー・マリア・リルケ（一八七五〜一九二六年）…チェコ（当時はオーストリア＝ハンガリー帝国《ていこく》の一部）生まれの詩人。『マルテの手記』などの小説も著《あらわ》した。

以前からオペラなど観劇《かんげき》には親しみがある。

それに、このころマレーネは、映画館《えいがかん》のオーケストラのコンサートマスター*2として仕事を得《え》ていたのだ。映画《えいが》を伴奏《ばんそう》する生《なま》演奏《えんそう》は、音のない当時のサイレント映画*3《えいが》には欠かせないものだった。

「あたし、バイオリンは卒業するわ。舞台《ぶたい》の上でリルケの詩を朗読《ろうどく》したいの。そのために演劇《えんげき》を勉強したいの。

ママ、やってみてもいいかしら?」

「やってみる、だけなのね?」

「もちろんよ。やってみる、だけよ。自分に合うかどうかも分からないもの。」

母の頭の中には、「そのうちに、誰《だれ》かすばらしい人が現《あらわ》れて、結婚《けっこん》して家庭に入る」というストーリーがあったのだろう。

戦争のあと、敗戦国ドイツは戦勝国への賠償金*4《ばいしょうきん》で天文学的と

＊2 コンサートマスター…オーケストラ全体の指導《しどう》者的役割《しゃやくわり》を果たす人。第一バイオリンのトップ奏者が務《つと》める。

＊3 サイレント映画《えいが》…一九二〇年代後半に映像《えいぞう》に音声がついたトーキー映画《えいが》が登場するまで、映画《えいが》は映像《えいぞう》だけだった。

＊4 天文学的…規模《きぼ》が大きいこと。

もいえるばく大な負債《ふさい》[*1]を負い、不況《ふきょう》[*2]で失業者があふれ、物価《ぶっか》はどんどん高くなり、さらにインフルエンザが流行して、荒《あ》れはてていた。

マレーネの家も例外ではなかった。社会全体で貧《まず》しさは「ふつうのこと」になっていたのだ。暮《く》らしのために働かなくてはならなった。

姉は教員の仕事に就《つ》いた。

マレーネは二十歳《はたち》になろうとしていた。

＊1 負債《ふさい》…借金。
＊2 不況《ふきょう》…生産量・雇用量《こようりょう》が減少《げんしょう》し、経済《けいざい》活動全体の水準《すいじゅん》が低下する状態《じょうたい》。不景気ともいう。

第三章 アメリカへ。かけぬけた銀幕《ぎんまく》[*1]の世界

❖ベルリンの劇場《げきじょう》を飛び回る

「ねえ、マレーネ　私《わたし》の代わりに出てくれないかしら。台詞《せりふ》はたった一つだし、衣裳《いしょう》はあなたにぴったりだと思うの。でも誰《だれ》にも言っちゃだめよ。お願いね。」

こんなことは、よくあることだった。ラインハルト演劇《えんげき》学校は劇団もかねていて、その先輩《せんぱい》はそのあいだ、カフェで楽しい時間を過《す》ごすのだ。

マレーネは喜《よろこ》んで引き受けたが、自分に与《あた》えられた仕事＝役をこなすのも似《に》たようなものだった。

たとえば、ある芝居《しばい》の一幕目《まくめ》で使用人を演《えん》じ、そのあとバス

＊1 銀幕《ぎんまく》…映画《えいが》のこと。

や市電や地下鉄*1でほかの劇場《げきじょう》へ行き主婦《しゅふ》を演《えん》じ、その劇《げき》の三幕《まく》目《め》で宿の主人を演《えん》じる、というように。マレーネの同僚《どうりょう》もあちこちに点在《てんざい》する大小さまざまな劇場《げきじょう》をさまざまな役でかけもちし、劇団《げきだん》に言われるまま動いた。

学校の名前にもなっているマックス・ラインハルトは、舞台《ぶたい》監督《かんとく》であり、*2演出家《えんしゅつか》、*3興行師《こうぎょうし》、*4プロデューサーでもある著名《ちょめい》な演劇人《えんげきじん》で、ベルリンにいくつもの劇場《げきじょう》や*5キャバレーなどを運営《うんえい》している。

マレーネは、演劇《えんげき》を学ぶようになってから半年あまりの間に、九十回以上も舞台《ぶたい》に立った。ほとんどが、台詞《せりふ》がないか、あっても一言二言の端役《はやく》だったけれども。

ただ、衣裳《いしょう》や化粧《けしょう》は本格的《ほんかくてき》で、そのための準備《じゅんび》にあてる時間は、出演《しゅつえん》時間より多いほどだった。

「あたしたち新人エキストラ*6のいいところは、スターたちの演《えん》

---

*1 地下鉄…世界初は一九六三年、イギリスのロンドン。ベルリンは一九〇二年開通。

*2 演出家《えんしゅつか》…台本に含《ふく》まれる内容《ないよう》を具体的に表現《ひょうげん》する指導《しどう》を行う人。

*3 興行師《こうぎょうし》…演劇《えんげき》などの有料で楽しむ催《もよお》しを開催《かいさい》する人。

*4 プロデューサー…演劇《えんげき》などを制作《せいさく》する責任者《せきにんしゃ》。

*5 キャバレー…ステージで客にショーを見せる酒場。

*6 エキストラ…映画《えいが》や演劇《えんげき》などで群衆《ぐんしゅう》や通行人などの役を演《えん》じる臨時《りんじ》の出《しゅつ》演者《えんしゃ》。

技《ぎ》や台詞《せりふ》をじっくり観察できるところね。」

「そうそう。でも、油断《ゆだん》してるとまたオーディション[*7]で落ちちゃうのよぉ。勉強、勉強、勉強、ってわけだわ。」

そのとおりだった。

めぼしい役には必ず試験があったのだ。それでも、マレーネは自分の役割《やくわり》に最善《さいぜん》をつくし、情熱《じょうねつ》をもって楽しんだ。

❖夫となる人、ルドルフ・ジーバー

そのころ、ある監督《かんとく》の映画《えいが》でニューフェイス[*8]の発掘もかねてエキストラを決めるオーディションがあった。そのとき面接《めんせつ》を受け持ったのが、助監督《じょかんとく》[*9]をつとめていたルドルフ・ジーバーである。

マレーネはみごと採用《さいよう》となり、映画《えいが》の撮影《さつえい》と並行《へいこう》して夜は舞台に立つという毎日が始まった。大いそがしでも平気だった。

＊7 オーディション…映画《えいが》や演劇《えんげき》などに出演《しゅつえん》する俳《はい》優《ゆう》などを起用するときに行う審査《しんさ》。

＊8 ニューフェイス…新人。売り出したい人であることも。

＊9 助監督《じょかんとく》…映画《えいが》や演劇《えんげき》などで監督《かんとく》を補助《ほじょ》する人。

いっしょに仕事をするうちに、彼《かれ》に夢中《むちゅう》になっていたのだ。金髪《きんぱつ》に茶色の瞳《ひとみ》、背《せ》が高くてハンサムで、頭が良く野心家。マレーネは恋《こい》に全力をついやした。

ルドルフはすでに、監督《かんとく》の娘《むすめ》と婚約《こんやく》を交わしていたが、育ちがよくてかわいい素顔《すがお》のマレーネと、品行のよくない役を大胆《だいたん》に演《えん》じる正反対の魅力《みりょく》に、ぐいぐい引かれていった。

「ママ。結婚《けっこん》したいと思う人がいるの。」

「演劇《えんげき》」も「映画《えいが》」も好きではない母だったし、「やってみるだけ」のはずだった娘《むすめ》は、かけ出しとはいえ俳優《はいゆう》になっていた。話したら失神するかもしれないと思ったが、母は意外にも「本当にそうしたいなら、何ができるか考えましょう。」と言った。

「ただし。その方とスタジオ以外で会うことは許《ゆる》しませんよ。」

釘《くぎ》をさされてもルドルフは、母に会いによく家を訪《おとず》れた。

結局、彼《かれ》は監督《かんとく》の娘《むすめ》との婚約《こんやく》を解消《かいしょう》し、マレーネと結婚《けっこん》。二

＊1 ゆりかご…ゆらゆらと揺《ゆ》らして幼児《ようじ》をあやしたり、安眠《あんみん》できるようにしたりする道具。

人は式《しき》を挙《あ》げたが、母が心の底では許《ゆる》してくれていないのが態度《たいど》で分かった。

まもなく妊娠《にんしん》したのは、ひとえにもふたえにも、うれしいことだった。ルドルフと母の距離《きょり》が少し縮《ちぢ》まったから。

マレーネが二十三歳《さい》になる誕生月《たんじょうづき》の十二月に、娘《むすめ》のマリアが生まれた。

「こんなに幸せなことってあるかしら。ゆりかご[*1]の子を中心に世界が回っているなんて。」

「一日何回もの授乳《じゅにゅう》は、辛《つら》くないのかい？」

「とっても平和な時間なのよ。ふふっ。あなたがた男性《だんせい》が経験《けいけん》できないのはほんとうにお気《き》の毒《どく》。」

ルドルフは思いやりも思慮《しりょ》もあり、信頼《しんらい》と尊敬《そんけい》を寄《よ》せるに足る人物だった。

しかし、不況《ふきょう》の真っただ中である。家族三人の生活は楽ではなかったので、マレーネは少しずつ仕事に復帰《ふっき》。マリアを母に見てもらい、舞台《ぶたい》をかけもちするようになった。

❖スタンバーグ監督《かんとく》との出会い

ベルリンには「黄金の二十年代」と言われる時代がある。「狂騒《きょうそう》の二十年代」とも言われ、二十世紀《せいき》でもっとも魅力的《みりょくてき》であやしい雰囲気《ふんいき》が満ちていたとされるワイマール共和国[*1]の時代だ。

それは、マレーネの二十代とすっかり重なる。

＊1 ワイマール共和国…一九一九〜一九三三年までのドイツの呼《よ》び方。

わずか十四年しか続かなかったこの時期、ラジオ、映画《えいが》など新しいメディアが台頭し、さまざまな芸術《げいじゅつ》文化が花開いた。

一方、人びとはキャバレーやナイトクラブ*2で自由を楽しみ、その裏《うら》で貧困《ひんこん》や麻薬《まやく》が広まるなど悪い面もあった。

マレーネの周囲《しゅうい》はどうだったかというと、ドイツの演劇《えんげき》は当時のヨーロッパでもっとも先鋭的《せんえいてき》とされ、映画《えいが》の分野でもウーファ*3という映画《えいが》会社が作る作品はハリウッドの次に多く、優秀《ゆうしゅう》で、世界から注目されていた。

そのウーファ社から招《まね》かれてベルリンに来ていたのが、アメリカ、パラマウント社で活躍《かつやく》する映画監督《えいがかんとく》、オーストリア生まれのドイツ系《けい》ユダヤ人、ジョセフ・フォン・スタンバーグだった。

マレーネはある舞台《ぶたい》に出演《しゅつえん》していた。

「みなさん、今夜、私《わたし》と食事をしていただけませんかしら。」

*2 ナイトクラブ…夜間に営業《えいぎょう》する社交のための高級飲食店。男女で行くのが前提《ぜんてい》。

*3 ウーファ社…ドイツの映画《えいが》会社。

アメリカ女性《じょせい》の役で、たった一言の台詞《せりふ》を何日も繰《く》り返《かえ》していたある日、スタンバーグ監督《かんとく》がマレーネを見つけた。

(いいじゃないか！　彼女《かのじょ》を劇場《げきじょう》から引《ひ》き抜《ぬ》いて、映画《えいが》俳優《はいゆう》に育てあげよう。)

監督《かんとく》はすぐにそう決め、プログラムに目を走らせて彼女《かのじょ》の名前を探《さが》した。

「マレーネ・ディートリヒ。」

夫、ルドルフの心配をよそに、ことはあれよあれよと言う間にすすむ。テスト撮影《さつえい》をすることになったが、当のマレーネはスタンバーグが監督《かんとく》する映画《えいが》の役がもらえるかどうか、どうでもよかった。

だから約束も、ろくにおぼえていなかった。

「マレーネさん。ピアノの上で歌ってみてくれませんか。片方《かたほう》の靴下《くつした》をくるぶしまで巻《ま》きおろしながらね。」

「あの。約束の楽譜《がくふ》を持って来ていないのですが。」

「そうですか……。では、何か好きな歌を。」

アメリカの歌を歌うことにして、ピアニストにどんな曲か説明していると、監督《かんとく》が立ち上がって叫《さけ》んだ。

「これ、これだよ、私《わたし》が撮《と》りたかったシーンは！　いまのやりとりをもう一度再現《さいげん》してみて。すぐに回そう。」

監督《かんとく》は「カメラのレオナルド・ダ・ヴィンチ」[*1]と言われていた。このときからマレーネは数えきれない時間とシーンを、カメラ越《ご》しに見つめられることとなる。

この作品『嘆《なげ》きの天使』は、一九二九年十一月はじめから翌《よく》年《ねん》一月末まで約三か月をかけ、ウーファ社のスタジオで製作《せいさく》された。ドイツ語版《ばん》と英語版《ばん》が作られ、ドイツで初めての本格的《ほんかくてき》

＊1　レオナルド・ダ・ヴィンチ（一四五二〜一五一九年）…イタリアの天才芸《げい》術家《じゅつか》、科学者。代表作に「モナ・リザ」などがある。

なトーキー（音声つき）映画《えいが》となった作品である。

マレーネは主役の相手役として、たきつけるような服装《ふくそう》と品のない物言いで船乗りたちをもてあそぶ、キャバレーの踊《おど》り子《こ》を演《えん》じた。

家や学校で習った英語が役に立ったが、監督《かんとく》が求めていたのはアメリカの英語だった。

「むずかしかったら[*1]吹《ふ》き替《か》えよう。ぼくの妻《つま》はアメリカ人だ。」

「いいえ。できると思います。ありがとうございます。」

マレーネはアメリカ英語のひびきをなんとか再現《さいげん》して乗り切った。

じつは、ウーファ社の経営陣《けいえいじん》は、監督《かんとく》がマレーネに[*2]白羽の矢を立てたとき首をかしげていた。監督《かんとく》はそれを、「彼女《かのじょ》を使わないならこの映画《えいが》をやめてアメリカへ帰る」とまで言って説得《せっとく》していたのだ。

＊1 吹《ふ》き替《か》え…劇映画《げきえいが》などで、台詞《せりふ》など俳優《はいゆう》の演技《えんぎ》の一部を別の人物が成りかわって演じること。

＊2 白羽の矢が立つ…多くの人の中から特別に選ばれること。

出来映《できば》えは、経営陣《けいえいじん》も納得《なっとく》できるものになった。

「これはヒットするぞ。」

同時に、新人スターの衝撃的《しょうげきてき》なデビューを誰《だれ》もが確信《かくしん》した。

「マレーネ。またハリウッドから電話だよ。スタンバーグはよほど君に来てほしいんだな。どうするのがいいだろう。」

「あぁ、ルドルフ。撮影《さつえい》している間だって私《わたし》ははっきり伝えたのよ。ハリウッドに行くつもりはありません、家族のそばにいたいんです、って。」

スタンバーグ監督《かんとく》からの誘《さそ》いは何度もあり、しかも真剣《しんけん》だった。監督《かんとく》の熱心な意見を受け入れたパラマウント社は七年契約《けいやく》を提示《ていじ》してきたが、それを断《ことわ》ると、新しい契約書《けいやくしょ》が届《とど》いた。「もしアメリカ合衆国《がっしゅうこく》が気に入らなければ、最初の映画《えいが》が終わり次第、帰国してよい」というものだった。その代わり「ほかの映《えい》画《が》会社との契約《けいやく》は結べない」とあった。おりしも『嘆《なげ》きの天使』

の撮影《さつえい》が始まる直前の一九二九年秋にはニューヨーク[*1]で株式《かぶしき》市《し》場《じょう》[*2]の株価《かぶか》が大暴落《だいぼうらく》し、大恐慌《だいきょうこう》[*3]（世界恐慌《きょうこう》）が起こっていた。

さまざまな心配はあったが、マレーネは夫と話し合った結果、ひとつの行動に踏《ふ》み切《き》る。一人でアメリカへ渡《わた》る「偵察《ていさつ》」である。試しに行ってみようということにしたのだ。このことを話すと、パラマウント社がすべての段取《だんど》りを引き受けた。

マレーネはベルリンで『嘆《なげ》きの天使』の試写会を終え、舞台《ぶたい》あいさつの歓声《かんせい》を背中《せなか》に受けながらそのまま車に乗《の》り込《こ》んだ。

車の行き先の向こうに、アメリカが待っていた。

無名の一俳優《いちはいゆう》は、活躍《かつやく》の舞台《ぶたい》を「ベルリンの劇場《げきじょう》」から「世界中の映画館《えいがかん》」に移《うつ》して羽ばたくこととなる。

望めばすぐドイツへ帰れる、と信じ、衣裳係《いしょうがかり》のレージーをともなって、ハンブルクの港からニューヨーク行きの船に乗ったのは、一九三〇年春、二十八歳《さい》のときだった。

---

*1 ニューヨーク…アメリカ合衆国《がっしゅうこく》北東部にある、アメリカ最大の都市。

*2 株式市場《かぶしきしじょう》…株券《かぶけん》の売買が行われる市場《しじょう》。

*3 世界恐慌《きょうこう》…世界一の債権国《さいけんこく》となったアメリカの経済破綻《けいざいはたん》をきっかけに起こった世界規模《きぼ》のひどい不景気。

❈一九三〇年代のハリウッド

アメリカでの第一作、パラマウント映画《えいが》初出演《はつしゅつえん》の『モロッコ』は、同年七月から八月に撮影《さつえい》が行われた。

アメリカでは『嘆《なげ》きの天使』はまだ公開前だったので、「無名」のマレーネは、ハリウッドに用意された小さな家でしばらくは静かに暮《く》らした。気軽に買い物に出かけたり、レージーと映画《えいが》を観《み》に行ったり、料理や庭仕事を楽しみながら、スタジオからの呼《よ》び出《だ》しを待った。

ただ、ひどいホームシック[*4]に悩《なや》まされた。その原因《げんいん》の一つは「ことば」だった。毎日、英語を話すことがこれほど大変とは思わなかった。マレーネはドイツ語で夫と長い電話をしたり、電話では足りずに電報《でんぽう》を打つことでさびしさを紛《まぎ》らした。

撮影《さつえい》でも『嘆《なげ》きの天使』のときのように苦労した。アメリカ英語はなじんでいるイギリス英語とはちがうのだ。

＊4 ホームシック…故郷《こきょう》や家族を異常《いじょう》に恋《こい》しがる状《じょう》態《たい》。

音声つき映画《えいが》のトーキーでは、発音をごまかせない。

「Thanks, I don't need any helllp.（ありがとう。でも、ご心配には及《およ》びませんわ。）」

「まだちがうね。helllpじゃなくhelp！　分かるだろう?」

言われた通りに発音しようと舌《した》を上あごにしっかりつけるのだが、うまくいかない。

スタンバーグ監督《かんとく》はマレーネが完璧《かんぺき》に「help」と発音できるまで、根気よく、決して怒《おこ》らず、回数も分からないほど同じ台詞《せりふ》を繰《く》り返《かえ》させた。

撮影《さつえい》が終わり自分の楽屋に入ったとき、マレーネは思わず泣き出した。

（もうたくさん。いますぐドイツへ帰りたい。）

衣裳係《いしょうがかり》、化粧係《けしょうがかり》、美容師《びようし》たちは気《き》の毒《どく》そうにしながらも淡々《たんたん》と見ている。おそらく、こんなことはめずらしくないのだろう。

映画《えいが》の都・ハリウッド

アメリカ合衆国《がっしゅうこく》カリフォルニア州ハリウッドは、映画《えいが》産業の中心都市として有名です。

映画《えいが》の都として発展《はってん》したハリウッド

20世紀《せいき》初頭のハリウッドは、カリフォルニア州ロサンゼルス市にある小さな田舎町《いなかまち》でした。このころの映画《えいが》産業は、ニューヨークやシカゴといった大都市の大きな映画《えいが》会社が中心でした。

そこで、新たに映画《えいが》を作りたいと願う映画《えいが》人たちが自由に安く映《えい》画《が》を作れる場所を求めた結果、西海岸のハリウッドにたどりついたのです。

1923年に屋外広告《こうこく》として設置《せっち》されたハリウッドサイン。(写真：PIXTA)

映画《えいが》人がヨーロッパからハリウッドへ

その後、映画《えいが》産業は急速に発展《はってん》し、1920年代にはハリウッドの映画《えいが》会社によって製作《せいさく》された映画《えいが》がアメリカ全土だけでなくヨーロッパにも配給されるようになりました。ヨーロッパで第二次世界《だいにじせかい》大戦《たいせん》が起こると、映画監督《えいがかんとく》や俳優《はいゆう》など数多くの映画《えいが》人がハリウッドへと移《うつ》りました。

戦後もハリウッドの映画《えいが》産業は成長を続け、1929年から開かれている映画《えいが》の祭典《さいてん》・アカデミー賞《しょう》は、現在《げんざい》も映画《えいが》人たちのあこがれとなっています。

映画《えいが》が完成し、公開をひかえた十一月、試写会が行われた。
ハリウッドでのデビュー第一作、マレーネは気が気ではない。
ところが、上映《じょうえい》している途中《とちゅう》から観客が減《へ》りはじめ、最後は
マレーネをふくめたスタッフだけになってしまった。
（これで終わったわ……。）
家に帰り、やりきれない気持ち、申《もう》し訳《わけ》ない気持ちを（どう
すればいいの？）ともてあましたまま、マレーネは一心不乱《いっしんふらん》に
荷造《にづく》りを始めた。その夜は眠《ねむ》れなかった。
（家族のいるドイツに帰れるんだわ。）
うらはらに、そんな気持ちもわいた。
あくる朝、スタンバーグ監督《かんとく》から電話があり呼《よ》び出《だ》された。
「これを読んでごらん。」
手渡《てわた》されたのは、きのうの試写をさっそく記事にした、新聞
の映画評《えいがひょう》だった。

「『モロッコ』の主演《しゅえん》はドイツ人のマレーネ・ディートリヒ。映《えい》画《が》産業に革命《かくめい》をもたらすのは、この俳優《はいゆう》をおいてほかにない。」

立ちつくすマレーネに監督《かんとく》が静かに言った。

「いつでも帰っていいんだよ。でもその理由が、アメリカで失敗したから、ではいけないんだ。失敗などしていないしね。」

夫も電話で同じことを言った。

「スタジオを辞めてはいけないよ。君の映画《えいが》が大成功するのはまちがいないのだから。」

夫とスタンバーグ監督《かんとく》は仲がよく、意見も合った。後年、マレーネはドイツに帰らないことを決心するのだが、二人がいなければアメリカでがんばることはできなかった。

生活と仕事のパートナーであり、師《し》であり、父のような保護《ほご》者《しゃ》であり、アドバイザー。支配者《しはいしゃ》であり、友人。マレーネを理《り》解《かい》し、尊重《そんちょう》してくれる、かけがえのない二人だった。

『モロッコ』は世界中で公開され、マレーネは名実ともに「スター」となった。家の郵便受《ゆうびんう》けにファンレターが入り切らない。

しかし、大恐慌《だいきょうこう》の波は、映画《えいが》が誕生《たんじょう》して以来黄金時代を築《きず》いていたハリウッドにも、はっきりと押《お》し寄《よ》せていた。

人びとに映画《えいが》を楽しむゆとりがなくなり、映画館《えいがかん》は激減《げきげん》。サイレント（無声映画《えいが》）から音声つきのトーキーに移《うつ》る時代だったので、映画館《えいがかん》の音響《おんきょう》機器などが整備《せいび》できず経営《けいえい》が苦しくなるところも多かった。

倒産《とうさん》する映画《えいが》スタジオもあった。出演者《しゅつえんしゃ》やスタッフの賃金《ちんぎん》はカットされ、労働組合活動[*1]が盛《さか》んになる。さらに映画《えいが》の内容《ないよう》を規制《きせい》する制度《せいど》もでき、表現《ひょうげん》の幅《はば》がせまくなった。

ちなみに、試写会で次々と観客が帰ったのは、オレンジ農家の繁忙期《はんぼうき》のためだったとあとで分かった。試写会は小さな町の映画館《えいがかん》で一般《いっぱん》の人たちに観《み》てもらっていたのだ。

＊1 労働組合…使用者と対等の立場で交渉《こうしょう》できるように、労働者が自主的につくる団体《だんたい》。

押《お》し寄《よ》せた波はもう一つある。

世界で活躍《かつやく》する優秀《ゆうしゅう》な監督《かんとく》や作家、俳優《はいゆう》が自国の混乱《こんらん》から逃《のが》れ、次々と亡命《ぼうめい》し、ハリウッドに集まって来たのだ。当然、と言おうか、ナチスに弾圧《だんあつ》されているユダヤ系《けい》が多かった。

一方、不況《ふきょう》とは無縁《むえん》の反社会的勢力《せいりょく》「マフィア」*2との関係も深まり、ギャング*3映画《えいが》も数多く作られて人気を集めた。

世界恐慌《きょうこう》のあと数年は厳《きび》しい状況《じょうきょう》だったが、それ以降《いこう》、一九四十年代にかけてハリウッドは息を吹《ふ》き返《かえ》す。

マレーネはそんなハリウッドをかけぬけた。

一九三一年に、六歳《さい》になった娘《むすめ》のマリアをベルリンから連れ帰る。パラマウント社は「子持ちの俳優《はいゆう》」を敬遠《けいえん》し、かくそうとしたが、押《お》し通《とお》した。

このとき全面的に応援《おうえん》し、会社を説《と》きふせて動いてくれたのも、スタンバーグ監督《かんとく》と夫だった。

＊2 マフィア…アメリカ合衆国《がっしゅうこく》やイタリアなどで暗躍する国際犯罪組織《こくさいはんざいそしき》。

＊3 ギャング…アメリカの反社会的勢力《せいりょく》とその構成員《こうせいいん》。

1930年公開の、ハリウッド映画《えいが》『モロッコ』に主演《しゅえん》した28歳《さい》のマレーネ・ディートリヒ。
(写真：アフロ)

マレーネは映画俳優《えいがはいゆう》として、母として、自分に与《あた》えられた役《やく》割《わり》をこなした。きまじめなプロイセン人らしく。

❖忍《しの》び寄《よ》るナチス・ドイツの足音

世界恐慌《きょうこう》は文字通り、世界中に、たいへんな混乱《こんらん》をもたらした。ドイツはそれ以前から長引く不況《ふきょう》にあえいでいたが、事態《じたい》はさらに悪化した。

失業者が三百万人から六百万人にまで増《ふ》え、物価《ぶっか》が急激《きゅうげき》に上がってお金の価値《かち》が下がり、紙くず同然になったお札が、道ばたで「古紙」として投げ売りされるほどだった。

「もう、演劇《えんげき》を観《み》たり、映画館《えいがかん》へ行ったり、そんなぜいたくは無理。」

「仕事を探《さが》すにも、働く工場も会社もないじゃないか。どうやって暮《く》らせって言うんだ……。」

庶民《しょみん》の不満は危険《きけん》な状態《じょうたい》にまでふくらんでいた。そこから救い出してくれると思わせたのが、アドルフ・ヒトラーを指導者《しどうしゃ》とあおぐ国民社会主義《しゃかいしゅぎ》ドイツ労働者党《とう》＝ナチ党《とう》だった。

当時、ワイマール共和国の第二党《とう》だったナチ党《とう》は、第一次世界大戦《だいいちじせかいたいせん》の敗戦国として義務《ぎむ》づけられた巨額《きょがく》の賠償金《ばいしょうきん》の「支払《しはら》い停止《ていし》」や、小作人《こさくにん》*1が地主《じぬし》*2に支払《しはら》う「地代*3の廃止《はいし》」を公約*4にかかげ、労働者層《そう》を中心に支持《しじ》を拡大《かくだい》していた。

政界《せいかい》や経済界《けいざいかい》に影響力《えいきょうりょく》をもっているユダヤ人がいる限《かぎ》り事態《じたい》は良くならない、とする「ドイツ民族至上主義《しじょうしゅぎ》」を訴《うった》え、演説《えんぜつ》やビラによって、またラジオ放送という新しいメディアによって、大々的に宣伝《せんでん》を行い、それは爆発的《ばくはつてき》に拡散《かくさん》した。

一九三三年一月、ヒトラー内閣《ないかく》が誕生《たんじょう》。二月には、国会議事堂《ぎじどう》の放火事件《じけん》を受けて共産主義《しゅぎ》者の逮捕《たいほ》を開始。三月の「全権《ぜんけん》委任法《いにんほう》」では、内閣《ないかく》が議会の承認《しょうにん》なしに法律《ほうりつ》を決められるよう

---

*1 小作人《こさくにん》…地主《じぬし》から土地を借りて、農作物を作る農民。

*2 地主《じぬし》…農地を小作人《こさくにん》に貸《か》し、地代を得《え》ている土地の所有者。

*3 地代…土地の利用者が土地の所有者に渡《わた》す利用料のこと。

*4 公約…選挙で政党《せいとう》や政《せい》治家《じか》が、有権者《ゆうけんしゃ》にする約束。

になり、ヒトラーがすべての政治権力《せいじけんりょく》をにぎった。

そして四月、のちにヨーロッパ中の人から恐《おそ》れられるゲシュタポ[*5]（秘密国家警察《ひみつけいさつ》）の原点となる組織《そしき》を新設《しんせつ》。

さらに、労働組合の解散《かいさん》、共産主義《しゅぎ》やユダヤ人が書いた本の焼《や》き払《はら》い、ナチ党《とう》以外の新党《しんとう》結成を禁止《きんし》するなど、暴挙《ぼうきょ》がなだれこむ。

しかし、これは、ほんの始まりでしかなかった。

マレーネがハリウッド五本目となる『恋《こい》の凱歌《がいか》』を撮《と》り終《お》え、ドイツへ帰る船で、スピーカーを突《つ》き破《やぶ》らんばかりにがなり立てるヒトラーのおぞましい声を聞いたのは、この年の夏である。

（ドイツ人の血と名誉を守る法律ですって？　どうかしてるわ。もう、私《わたし》が帰るドイツなどない。帰らない。）

映画製作《えいがせいさく》にたずさわる夫は、とっくにフランスに亡命《ぼうめい》[*6]してパリに住み、娘《むすめ》も手元に呼《よ》んでいた。マレーネの直感と判断《はんだん》は正

*5 ゲシュタポ…秘密国家《ひみつこっか》警察《けいさつ》の通称《つうしょう》。ナチスに反対する運動や人物を取《と》り締《し》まった。

*6 亡命《ぼうめい》…個人《こじん》が人種・宗教《しゅうきょう》・思想・政治的《せいじてき》意見の相違《そうい》などの事情《じじょう》から本国で迫害《はくがい》を受け、または迫《はく》害《がい》を受ける危険《きけん》があるために本国を脱出《だっしゅつ》して外国に逃《のが》れ、その国の保護《ほご》を求めること。

しかった。

翌《よく》一九三四年、ヒンデンブルク[*1]大統領《だいとうりょう》が死去すると、ヒトラーは大統領《だいとうりょう》と首相の職務《しょくむ》を合体させ、国民の約九割《わり》の支持率《しじりつ》を得《え》て指導者兼《しどうしゃけん》首相――「総統《そうとう》」となる。

こうして[*2]第三帝国《ていこく》がワイマール共和国に取って代わり、軍備《ぐんび》の拡張《かくちょう》、徴兵制復活《ちょうへいせいふっかつ》、領土《りょうど》の拡大《かくだい》、[*3]ユダヤ人排斥政策《はいせきせいさく》の徹底《てってい》と、ヒトラーの独裁《どくさい》は加速していった。

ヨーロッパだけではなく、アジアの動勢《どうせい》も不安定だった。

第一次世界大戦《だいいちじせかいたいせん》に続き、またしても、世界が暗闇《くらやみ》におおわれようとしていた。

＊1 パウル・フォン・ヒンデンブルク（一八四七〜一九三四年）…ドイツの軍人・政治家《せいじか》。一九二五年にドイツのワイマール共和国大統領《だいとうりょう》となる。一九三三年にヒトラーを首相に任命《にんめい》。

＊2 第三帝国《ていこく》…ナチスは自らの国を、神聖《しんせい》ローマ帝国（第一帝国《ていこく》）、第《だい》一次《じ》世《せ》界大戦《かいたいせん》で消滅《しょうめつ》したドイツ帝国《ていこく》（第二帝国《ていこく》）に次ぐ第三の帝国《ていこく》と呼《よ》んだ。

＊3 ユダヤ人排斥《はいせき》…一九三三年に政権を握った後、ナチ党《とう》が行った人種主義《じんしゅしゅぎ》的《てき》反ユダヤ主義《しゅぎ》に基《もと》づく迫害《はくがい》。

第四章

前線慰問《いもん》。海の向こうの戦火の中へ

❖一九三九年、アメリカの市民権《けん》を得《え》た年

マレーネは前の戦争がいつも頭の片隅《かたすみ》にある。

突然《とつぜん》学校から去ったブルガン先生、母のカブ料理、きつく編《あ》んだおさげ髪《がみ》を結ぶのはいつも黒いリボンだった。継父《けいふ》の戦死、たらいの中でふくらんでいた従兄弟《いとこ》の軍服……。

（大戦のあいだ悲しいことは多かったけれど、ママのおかげで安心だった。あぁ、ベルリンのママはどうしているかしら？）

ドイツでは、ユダヤ人に対する弾圧《だんあつ》が激《はげ》しくなっていた。

ドイツ人との結婚《けっこん》を禁止《きんし》し、家や店を放火し、仕事をうばい、公園、劇場《げきじょう》、プールなど公共の場所へ行くことも許《ゆる》さない。

一方、人びとはヒトラーへの忠誠《ちゅうせい》を強いられ、大半はヒトラーにあやつられるまま、店先に「ユダヤ人お断《ことわ》り」の札を下げるなど加担《かたん》していった。逆《さか》らえばとらえられる。一般《いっぱん》のドイツ市民も苦しんでいた。

マレーネはナチスにむしばまれていく母国のひどいありさまを、遠くアメリカから想像《そうぞう》し、胸《むね》を痛《いた》めた。

そのころ、ハリウッドでは理不尽《りふじん》な商業政策《せいさく》がまかり通っていた。マレーネをはじめ、[*1]グレタ・ガルボ、[*2]キャサリン・ヘップバーンら大物俳優《はいゆう》が、「興行《こうぎょう》上害のある俳優《はいゆう》（高いギャラ[*3]にもかかわらずお客が入らない俳優《はいゆう》）」とされて閉《し》め出《だ》されたのだ。

マレーネは何ともないふりをしたが、正直、どうしたらいいのか分からなくなっていた。

（私《わたし》は出来の悪い、ご用済《ようず》みの、期待外れな人間、ということなのかしら？）

＊1 グレタ・ガルボ（一九〇五～一九九〇年）…スウェーデン生まれの人気俳優《はいゆう》。

＊2 キャサリン・ヘプバーン（一九〇七～二〇〇三年）…アメリカ合衆国《がっしゅうこく》の人気俳優《はいゆう》。

＊3 ギャラ…ギャランティーの略《りゃく》。俳優《はいゆう》・歌手・演奏家《えんそうか》などの契約《けいやく》による出演料《しゅつえんりょう》。

マレーネは一時、暗い陰謀《いんぼう》がうずまくハリウッドからヨーロッパへ逃《のが》れた。イギリスのロンドン、フランスのパリ、地中海沿岸《えんがん》にひろがるリゾート地・リビエラ[*4]。中でもフランスの南東部、地中海《ちちゅうかい》に面したアンティーブ岬《みさき》は忘《わす》れられない。一九三九年の夏である。

青い海、青い空。夫ルドルフ、娘《むすめ》マリア。スタンバーグ監督《かんとく》とはもういっしょに映画《えいが》を撮《と》ることはなくなっていたが、監督《かんとく》もいた。気のおけない友人たちやその家族と過《す》ごしたおだやかな日々《ひび》。怒《いか》りもつかれも片頭痛《へんずつう》[*5]も忘《わす》れた。この時期にあってそれは「奇跡《きせき》」と言えた。

「みんなぁ、おぼれないように気をつけてよぉー。」

「うふふ。ママったら心配症《しょう》なんだから。おぼれたりするもんですか。ねぇ、ジャック。」

「でもマリア。頭の上の服はぬらさないでおこうね。」

＊4 リビエラ…フランスからイタリアにかけての地中海沿岸《えんがん》地方の名称《めいしょう》。

＊5 片頭痛《へんずつう》…脈《みゃく》が打つように痛《いた》む頭痛《ずつう》で、頭の片側《かたがわ》で起こることが多い。

ちょうどアメリカの名家ケネディ家も遊びに来ていて、息子のジャック（のちの[*1]ジョン・F《エフ》・ケネディ大統領《だいとうりょう》）は、七歳《さい》年下のマリアや子どもたちを援護《えんご》しながら、対岸の島までいっしょに泳いだ。自分たちの頭に、それぞれの服をくくりつけて。

島での昼食はいつもにぎやかで楽しかった。

「親愛なるマダム、マレーネ・ディートリヒ。僕《ぼく》とおどっていただけますか？」

「もちろんですとも。ミスター、ジョン・フィッツジェラルド・ケネディ。」

二十二歳《さい》の若者《わかもの》のダンスは、とてもエレガントだった。

マレーネはこんな思いがけない休養のあと、

ハリウッドにふたたび呼《よ》ばれ、九月には戻《もど》って西部劇映画《せいぶげきえいが》を撮影《さつえい》した。

ちなみにこの年、マレーネはアメリカの市民権《しみんけん》[*2]を得《え》た。

（手放しで喜《よろこ》べないのはなぜかしら……。）

ナチスは、そんな割《わ》り切《き》れない思いをあざ笑うかのように、マレーネ・ディートリヒ出演《しゅつえん》の映画《えいが》を上映禁止《じょうえいきんし》にした。

同年九月、ドイツはついに隣国《りんごく》のポーランドに侵攻《しんこう》。これに対してイギリスとフランスが宣戦布告《せんせんふこく》し、第二次世界大戦《だいにじせかいたいせん》が始まった。ドイツは翌《よく》一九四〇年六月にはパリを占領《せんりょう》し、ソ連《れん》[*3]と戦う準備《じゅんび》も開始していた。

一九四一年十二月、日本海軍がアメリカの海軍基地《きち》があるハワイ・オアフ島の真珠湾《しんじゅわん》を攻撃《こうげき》。これを受けて、日独伊三国同盟《にちどくいさんごくどうめい》[*4]を結んでいたドイツは、アメリカに宣戦《せんせん》を布告《ふこく》。マレーネの新しい母国アメリカは、ついに第二次世界大戦《だいにじせかいたいせん》に参戦した。

＊1 ジョン・F《エフ》（フィッツジェラルド）・ケネディ（一九一七～一九六三年）…アメリカ合衆国《がっしゅうこく》第35代大統領《だいとうりょう》。

＊2 市民権《しみんけん》…その国で働いたり、国政選挙《こくせいせんきょ》に参加したりする権利《けんり》。国によって内容《ないよう》はちがう。

＊3 ソ連《れん》…ソヴィエト社会《しゃかい》主義《しゅぎ》共和国連邦《れんぽう》。一九二二年十二月に成立したロシアを中心とした社会主義《しゃかいしゅぎ》国家の連邦《れんぽう》。

＊4 日独伊三国同盟《にちどくいさんごくどうめい》…一九四〇年に結ばれた同盟《どうめい》。日本とアメリカ合衆国《がっしゅうこく》の対立の原因《げんいん》となった。

❖パーク街一番地の待合室

アメリカは第一次世界大戦《だいいちじせかいたいせん》と同じく連合国軍[*1]として参戦したが、アメリカ本土での戦闘《せんとう》はほとんどなかった。人びとは、まるで戦争などないかのように暮《く》らしていた。

そんな中、多くの若者《わかもの》が何のためなのか分からないまま、政《せい》府《ふ》の命令でヨーロッパ戦線へかり出された。彼《かれ》らとその家族、友人にとっては命や生活にかかわる「惨事《さんじ》」となった。

第一次世界大戦《だいいちじせかいたいせん》のとき少女だったマレーネは、四十代にさしかかろうとしていた。

(いっこくも早く戦争を終わらせなくては。連合国軍が勝てばヒトラーの第三帝国《ていこく》を打倒《だとう》できる。世界が平穏《へいおん》を取《と》り戻《もど》す。そのために、私《わたし》はできる限《かぎ》りのことをするんだわ。)

実はマレーネは以前から、ドイツを離《はな》れようとするユダヤ人の友人や知人の亡命《ぼうめい》に協力し、資金面《しきんめん》でも援助《えんじょ》していた。映画《えいが》、

＊1 連合国…日本・ドイツ・イタリアなどと戦った国々。イギリス、フランス、アメリカ合衆国《がっしゅうこく》、ソ連《れん》、中華民国《ちゅうかみんこく》。第一次世界大《だいいちじせかいたい》戦《せん》と第二次世界大戦《だいにじせかいたいせん》では構成《こうせい》が異《こと》なる。

演劇《えんげき》をはじめ文化芸術《げいじゅつ》、学術《がくじゅつ》の分野にも、有名な科学者アイン[*2]シュタインのように優秀《ゆうしゅう》なユダヤ人が多かったのだ。

アメリカはいち早く「米国慰問《いもん》協会」[*3]を立ち上げていた。ハリウッドでは戦勝委員会が結成され、団結《だんけつ》して戦争を支援《しえん》することを決めた。マレーネは「できる限《かぎ》りのこと」をするために国の戦略《せんりゃく》司令部に従軍《じゅうぐん》を志願し、前線の慰問《いもん》を願い出る。

前線慰問《いもん》の許可《きょか》を待つ間は、映画《えいが》に出演《しゅつえん》しながら、ハリウッドのスターたちがボランティアでエンターテインメントや食事を提供《ていきょう》するハリウッド・キャンテーン[*4]に出たり、国内の基地《きち》を回ってコメディアンや歌手といっしょにショーを見せるなど、待機する兵士《へいし》たちを楽しませた。

戦時公債募集《こうさいぼしゅう》[*5]の活動にも力をそそいだ。

「皆《みな》さん、お願いがありますの。どうか、ヨーロッパ戦線で戦う兵士《へいし》たちのために、この戦争の勝利のために、戦時公債《こうさい》を

＊2 アルベルト・アインシュタイン（一八七九～一九五五年）…ドイツ生まれの理論《りろん》物理学者。「20世紀《せいき》最大の天才」といわれる。

＊3 慰問《いもん》…困難《こんなん》な状況《じょうきょう》にある人たちを見舞《みま》い、なぐさめること。

＊4 ハリウッド・キャンテーン…ハリウッドのスターたちがボランティアで、兵士《へいし》のために食事やダンスなどを提供《ていきょう》した酒場。

＊5 戦時公債《こうさい》…戦争の経費《けいひ》を確保《かくほ》するために国が国民などから借金すること。

お買い求めくださいな。」

あるときは工場の集会で労働者の油だらけの手をにぎり、あるときはキャバレーで、酔《よ》った紳士《しんし》に語りかけた。

「これはこれは、マダム・マレーネ。あなたから頼《たの》まれるなんて光栄です。ぜひ協力しましょう。」

マレーネが呼《よ》びかけると、彼女《かのじょ》のパフォーマンスを楽しんだ人たちは、こころよく買ってくれた。

彼女《かのじょ》の売り上げは高額《こうがく》で、あげた成果は群を抜《ぬ》いていた。

これらの活動はすべて無償《むしょう》だった。

かつて一生けんめいに練習したピアノ、バイオリン、寸劇《すんげき》、歌、朗読《ろうどく》……マレーネが何でもこなせ、どんな立場の人とも話ができたのは、幼《おさな》いころから受けてきた「教育」と「経験《けいけん》」のおかげだった。

（論理的《ろんりてき》に考えること、いつも冷静でいることはゲーテとカントが教えてくれたわ。
それに幼《おさな》いころからいままで、いろいろな立場の人たちとかかわってきたもの。）

マレーネは、あらためて母に感謝《かんしゃ》した。

しかし――。

（海の向こうは爆撃《ばくげき》にさらされているのに、アメリカは、ことにハリウッドは、誰《だれ》も戦争に気づいていないみたい。ここでただボランティアだけをして、戦争をやり過《す》ごすわけにはいかないのよ。）

これが本音だった。早く前線へ行きたかった。

一九四三年の大みそか。映画《えいが》の撮影《さつえい》を終えたマレーネは、長い留守《るす》を見込《みこ》んで、それから、夫と娘《むすめ》の生活も考えて、ほとんどの家財《かざい》道具を売《う》り払《はら》った。自分の荷物は簡単《かんたん》にまとめ、ニューヨークへ向かう。

いつでも危険《きけん》なしに外国へ行けるように、必要な予防接種《よぼうせっしゅ》はすべて受けていた。あとは命令を待つのみ。ハリウッドに未練はなかった。

ここは、ニューヨーク、パーク街の一番地。殺風景《さっぷうけい》な建物の中、もうもうと立ちこめるたばこの煙《けむり》に埋《う》もれるように、たくさんの人が待っている。ときおり流れるアナウンスに聞き耳を立て、あるグループは立ち上がり、あるグループは肩《かた》を落として家路につく。

「きょうも私《わたし》たちの番号は呼《よ》ばれなかったわね。またお風呂《ふろ》に入っておきましょう。戦地へ行けばそんなこともできないんですもの。」

マレーネたちは、前線慰問団《いもんだん》の一員として、毎日出発を待っているのだ。メンバーが決まり、ブロードウェイの路地裏《ろじうら》のうらぶれた一室でリハーサルを繰《く》り返《かえ》し、衣裳《いしょう》や小道具の準備《じゅんび》もできていた。

団員《だんいん》の一人、テキサスから来た若《わか》いコメディエンヌ[*1]のリンが言った。

*1 コメディエンヌ…喜劇《きげき》（コメディ）を演《えん》じる女性《じょせい》の俳優《はいゆう》。

「ただ座《すわ》って待っているのって、こんなに大変なのね。」

「リン。何も考えないことよ。

子どものころ、母親や先生の言いつけに従《したが》っていたように。

今度は軍の命令、だけれどね。」

そう答えてから（簡単《かんたん》なことだわ。）とマレーネは自分に言い聞かせる。そうしないと、不安になった。

（私《わたし》は命がけの仕事をしようとしている。自分で決めたことだわ。さぁ、呼《よ》ばれるまであしたも待つのよ。）

マレーネはもう一度自分を励《はげ》まして、リンといっしょに外へ出た。

一九四四年四月のある日、ついに番号が呼《よ》ばれた。

メンバーとともに、古い軍用の輸送機《ゆそうき》へ急ぐ。

本物の飛行機に乗るのは初めてだった。「百万ドルの脚線《きゃくせん》美《び》」と言われたマレーネの脚《あし》には保険《ほけん》がかかっていたので、ようやく民間の旅客機が普及《ふきゅう》してきていたものの、飛行機での移《い》動《どう》は会社から禁《きん》じられていたのだ。

機内には快適《かいてき》な座席《ざせき》などあるわけもなく、胴体《どうたい》にぎゅうぎゅう詰《づ》め。若《わか》い兵士《へいし》たちといっしょに無言で、あられまじりの嵐《あらし》の空を飛んだ。

ルートと行き先は、離陸《りりく》してからようやく告《つ》げられた。

グリーンランド*1を経由《けいゆ》し、大西洋《たいせいよう》のアゾレス諸島*2を通って、アフリカ大陸の北西、モロッコ*3の中心都市カサブランカへ。

マレーネの覚悟《かくご》が決まった。

2023年の北アフリカ

*1 グリーンランド…北大《きたたい》西《せい》洋北部にある世界最大の島。現在《げんざい》はデンマークの自治領《じちりょう》。

*2 アゾレス諸島《しょとう》…北大西《きたたいせい》洋中央部にある島々。ポルトガル領《りょう》。

*3 モロッコ…アフリカ北西部にある国。現在《げんざい》、首都はラバト。最大の都市はカサブランカ。

❖たった十分間の気晴らしでも

最初の慰問公演《いもんこうえん》は、意外にも二千人もの観客がいるきちんとしたオペラ・ハウス[*1]だった。

ここアフリカ北部の基地《きち》はイタリア侵攻《しんこう》の拠点《きょてん》で、このとき、いよいよ前線へ送られる兵士《へいし》たちはドイツ軍の激《はげ》しい抵抗《ていこう》にあい、一月以来足止めされていた。陸軍の軍服を着た将校《しょうこう》の姿《すがた》も目立つ。劇場《げきじょう》は、神経過敏《しんけいかびん》と欲求《よっきゅう》不満と、そうしてこれから始まるショーへの期待ではち切れそうだ。

慰問団《いもんだん》のメンバーは五人。

司会進行役はアメリカ人でコメディアンのダニー・トーマス。

ユダヤ人のテノール歌手で演技《えんぎ》もするミルトン・フローム。

ピアノとアコーディオンを弾《ひ》くジャック・シュナイダーは、ロマ[*2]といわれる流浪《るろう》[*3]の民だ。

コネディエンヌのテキサス娘《むすめ》、リン・メイベリー。

---

*1 オペラ・ハウス…オペラやバレエなどを上演《じょうえん》する劇場《げきじょう》。

*2 ロマ…かつてジプシー・ジタンなどと呼ばれた少数民族。ユダヤ人と同じくナチ党《とう》に迫害《はくがい》を受けた。

*3 流浪《るろう》…あてもなくさまようこと。

そして、アメリカ国籍《こくせき》を持つドイツ人の映画《えいが》スター、マレーネ・ディートリヒ。

まさに「人種のるつぼ[*4]アメリカ」らしい顔ぶれ。

（さぁ。これがナチスへの一撃《いちげき》よ。）

プログラムは本格的《ほんかくてき》なものだった。

ジョークに富んだダニーのオープニングトークのあと、軍服を着たマレーネがホールの後方からさっそうと登場すると、割《わ》れんばかりの歓声《かんせい》。もみくちゃにされながらステージに上がり、小さな旅行カバンからハイヒールとドレスを取り出す。それはスパンコール[*5]を散りばめたペールオレンジのネット・ドレス[*6]だ。

きらきらきら。しゃらしゃらしゃら。

マレーネは兵士《へいし》たちの目の前で、着替《きが》え始める。

ダニーがついたての後ろにマレーネをかくした数秒後、スパンコールをきらびやかにゆらして、この世の者とは思われない

＊4 人種のるつぼ…多くの人種や民族による文化がとけあって、新しい文化をつくっているアメリカ合衆国《がっしゅうこく》をたとえた言葉。

＊5 スパンコール…光を反《はん》射《しゃ》する小さなプラスチックや金属片《きんぞくへん》。ドレスやかばんなどにつける。

＊6 ネット・ドレス…網状《あみじょう》の生地でできているドレス。

ほど美しい女神が現《あらわ》れる。

男たちは口笛を吹《ふ》き、おたけびを上げ、足をふみ鳴らす。

歓声《かんせい》と拍手《はくしゅ》でホールが壊《こわ》れそうだ。

そしてジャックのピアノ。マレーネの歌。
二、三曲歌い、みんなでナチスへの皮肉たっぷりの寸劇《すんげき》を見せたあと、手品などを実演《じつえん》。リンは歌ったりおどったり笑わせたり、何でもこなして色を添《そ》えた。
人気のなかったのはミルトンのテノールで、「ベサメ、ベサメムーチョ♪」[*1]と歌い出したとたんに、オペラ調はやめてくれ、と言わんばかりにブーイングが起こったが、それも兵士《へいし》たちの元気の元になった。

公演《こうえん》は一日に数回。二回のときもあれば、五回の日もあった。

北アフリカの基地《きち》を回ったあと、オランという町からイタリアへ。いよいよヨーロッパ大陸だ。フランス、ベルギー、オラ

＊1 ベサメムーチョ…メキシコの作曲家コンスエロ・ベラスケス（一九一六〜二〇〇五年）による楽曲。スペイン語で「もっとキスして」の意味。

ンダ、チェコとスロヴァキア[*1]にも入り、ナチスと戦うアメリカ兵を慰問《いもん》した。

軍用車に乗って基地《きち》から基地《きち》へ移動《いどう》する。トラックの荷台や戦車の上、ときにはひっくり返した木箱が舞台《ぶたい》になった。

このように書くと、前線慰問《いもん》はそう大変ではなかった、と思うだろうか。

とんでもないことである。

公演《こうえん》はつねに危険《きけん》、不安、恐怖《きょうふ》と隣《とな》り合《あ》わせだった。

「この丘《おか》の向こうへ行くんだ。兵士《へいし》がひとり家畜《かちく》小屋のそばにいるはずだ。そこが次の舞台《ぶたい》だ。行き過《す》ぎるなよ。すぐ先がドイツ軍の陣地《じんち》だからな。」

命令は絶対《ぜったい》だ。マレーネたちの軍用車は、ぬかるんだ山道を全速力で走った。

シュッ、シュシュッ。銃弾《じゅうだん》の音。

＊1 チェコとスロヴァキア…第一次世界大戦《だいいちじせかいたいせん》後の一九一八年に成立したチェコ人とスロヴァキア人による統一国家・チェコスロヴァキアは、一九三九年にナチス＝ドイツによって解体される。チェコはドイツの保護領としてドイツに編入され、スロヴァキアはドイツの保護国となっていた。

遠くで大砲《たいほう》もとどろいている。

敵《てき》に見えないよう頭を低くして車体につかまる。頭がガクンと後ろへ投げ出されたときに、鉄兜《てつかぶと》の不規則《ふきそく》な隊列が見えた。ドイツ軍だ。

（もし、今、敵《てき》に見つかったらどんな死に方をするだろう。）

「かくれろ！　バカ！」

同行する兵士《へいし》が、乱暴《らんぼう》に声をかけながらもマレーネを守ろうとする。
キ、キーッ。
止まった先が家畜《かちく》小屋だった。

急かされて小屋に飛《と》び込《こ》む。中は暗くシーンとしている。目がなれると、どろどろの野戦服をまとったつかれ切った男たちがうつろな目を向けた。

「始めましょう。」

1945年2月9日、慰問《いもん》先でアメリカ軍兵士《へいし》に囲まれるマレーネ・ディートリヒ。（写真：アフロ）

「はい。」

これは厳命《げんめい》。彼《かれ》らと同じ「兵士《へいし》」である慰問団《いもんだん》は、彼《かれ》らを楽しませ、なぐさめ、心をいやすのが任務《にんむ》なのだ。たった十分間の気晴らしでも。すぐ近くに敵軍《てきぐん》が迫《せま》っていても。

ともしびのようにアコーディオンが小屋に流れ、マレーネは低く小さく歌を歌った。つかの間のショータイム。華《はな》やかさはないが、心が一つに溶《と》け合うようなやさしい時間。

そのとき！　まわりに砲声《ほうせい》と地ひびきがとどろいた。敵《てき》の砲《ほう》撃《げき》は突然《とつぜん》始まった。

ワラをふむ足音があわただしく近づき、とびらが開いた。

「早く逃《に》げろ。逃《に》げるんだっ！」

マレーネたちは、エンジンがかかった軍用車に飛び乗る。

「さようなら。さようなら。またすぐに来ます。」

マレーネたちの声は、兵士《へいし》たちの戦闘準備《せんとうじゅんび》とどなり声にかき消された。

停電《ていでん》したときは、兵士《へいし》たちが懐中《かいちゅう》電灯でドレスのスパンコールを照らしてくれた。

シラミやダニに取りつかれた。

寒さで手足が凍傷《＊1とうしょう》になった。

「危《あぶ》ない！」と何度も兵士《へいし》に突《つ》き飛《と》ばされ、体はアザだらけだ。

ヘルメットの中に雪を溶《と》かして、顔や髪《かみ》や下着を洗《あら》った。

あるときには肺炎《はいえん》にかかり、発明されたばかりのペニシリンという薬を投与《とうよ》されて命をとりとめた。

マレーネは階級を授《さず》けられていて「ディートリヒ大尉《たいい》」だった。慰問先《いもんさき》の兵士《へいし》たちは「マレーネ・ディートリヒ大尉《たいい》が来るのだから、この部隊は当面安全だろう。」と励《はげ》まし合った。

合い言葉を忘《わす》れ、あやうく敵《てき》に連れ去られそうになったこともある。

＊1　凍傷《とうしょう》…極度の寒さによって血行が悪くなり、組織《そしき》が損傷《そんしょう》した状態《じょうたい》。重症《じゅうしょう》になると組織《そしき》が死んでしまう。

所属《しょぞく》する軍がベルリンへ入ろうとするときには、将軍《しょうぐん》から小《こ》型拳銃《がたけんじゅう》を手渡《てわた》された。（小さいが役に立つ、ナチスにとらわれたら、ひどい目にあう前に自決[*1]を。）と将軍《しょうぐん》の目が語っていた。

マレーネは死ぬのは怖《こわ》くなかった。ただ、ドイツ軍の捕虜《ほりょ》にだけはなりたくなかった。

（ナチスに髪《かみ》をそられ、石を投げられ、町中を馬で引きまわされるのはごめんだわ。）

しかし、どんな状況《じょうきょう》でも、どんな場所でも、マレーネたちの慰問《いもん》はたくさんの兵士《へいし》を熱狂《ねっきょう》させ、勇気づけ、喜《よろこ》ばせた。

それによって慰問団《いもんだん》一人ひとり、何よりマレーネ自身が満たされていた。

＊1 自決…自ら命を断《た》つこと。

❖イギリス兵たちが歌っていた歌

アフリカ戦線を慰問《いもん》していたとき、マレーネはイギリス兵が口ずさんでいたある歌を耳にする。

兵士《へいし》たちは遠くを見る目をうるませながら、ある者は恋人《こいびと》の写真を忍《しの》ばせている胸《むね》ポケットに手を当てながら、しみじみと歌っていた。

（なんてせつない歌なのかしら。

でも、見て。殺伐《さつばつ》とした彼《かれ》らの心は、歌っているそのひととき安らぐんだわ。どうしようもなくやりきれないけれど、平安になれるんだわ。）

その歌は『リリー・マルレーン』。

戦場にいる兵士《へいし》が、かつて兵舎《へいしゃ》の前で会っていた恋人《こいびと》を思い、なつかしむ歌である。

よく知られたエピソードがある。

この歌は第一次世界大戦中《だいいちじせかいたいせん》にドイツの詩人が歌詞《かし》をつくり、第二次世界大戦《だいにじせかいたいせん》が始まる前に同じくドイツ人の作曲家が曲をつけてレコードにしていた。

ところが、売れ行きはさんざんで、困《こま》ったレコード店の店員が、ドイツ軍の前線慰問用《いもんよう》のレコードに二枚《まい》だけまぎれこませた。偶然《ぐうぜん》のようにその一枚《まい》が、ドイツに占領《せんりょう》されたユーゴスラビアの、ベオグラード[*1]にあったナチス＝ドイツのラジオ局で放送された。

一九四一年の秋にラジオから曲が流れると、聞いていたドイツ兵たちは涙《なみだ》を流して故郷《こきょう》をなつかしんだという。

聞いていたのはドイツ兵だけではなかった。

短波のラジオ放送は電波が遠くまで届《とど》く。曲はヨーロッパ全土に広がった。マレーネが耳にしたのは、

イギリス兵がドイツ語を英語に直したバージョンだったのだ。

もう一つのエピソードは腹立《はらだ》たしい。

レコードに吹《ふ》き込《こ》んだドイツ人の歌手、ララ・アンデルセン[*2]はこの歌を歌い人気者になったが、友人がユダヤ人だったため歌手活動が禁止《きんし》され、レコードの原盤《げんばん》も廃棄《はいき》されたのだ。一九四二年のできごとである。

さて。黒山のように群《むら》がる連合国軍兵士《へいし》たちを前にした、ある慰問《いもん》でのこと。

ステージ上のマレーネに紙切れが手渡《てわた》された。マレーネは文面を見るやいなや息をのんで、マイクをつかむ。

「皆《みな》さん、朗報《ろうほう》です。わが連合国軍は、ドイツ占領下《せんりょうか》のフランス北部、ノルマンディー海岸に上陸しました！」

「おおーっ」

二万人がどよめいた。

＊1 ベオグラード…現在はセルビア共和国の首都。
＊2 ララ・アンデルセン（一九〇五～一九七二年）…歌手・俳優《はいゆう》。

For You, Lili Marleen

だれともなく、兵士《へいし》たちが『リリー・マルレーン』を歌い出した。この歌は、もの悲しくも歌えたし、勇《いさ》ましくも歌えた。テンポを変えてマーチ風にすれば、（戦争を乗り越《こ》え、愛する人のもとや故郷《こきょう》へ帰るんだ！）と、気持ちを鼓舞《こぶ》する軍歌にもなったのだ。

マレーネが兵士《へいし》たちといっしょに歌い出す。

ほほを涙《なみだ》がつたっていた。

未来への希望がもたらした涙《なみだ》だった。

感情《かんじょう》があふれて途切《とぎ》れがちなマレーネを、兵士《へいし》たちが励《はげ》ます。

『リリー・マルレーン』の大合唱が、大空にひびき渡った。

一九四四年六月六日、このノルマンディー上陸作戦[*1]で連合国軍の上陸を許《ゆる》したナチス＝ドイツは、それ以後、ますます追《お》い詰《つ》められていく。

戦況《せんきょう》は変わろうとしていた。

＊1　ノルマンディー上陸作戦…一九四四年六月に行われた、連合国軍のフランス上陸作戦。当時フランスはドイツ軍に占領《せんりょう》されていた。

第五章

『リリー・マルレーン』。敵《てき》も味方も愛した歌を

❖任務《にんむ》はいつ終わったのか

一九四五年。

連合国軍は前年の暮《く》れから冬にかけて、ベルリンに休みない攻撃《こうげき》を浴びせていた。そうして、ドイツ南部、西部に残っていたナチス=ドイツの軍を、次々に打《う》ち払《はら》っていった。強制収容《きょうせいしゅうよう》所《じょ》の解放《かいほう》もあいついだ。

マレーネは前の年の一時期、あごの治療《ちりょう》と休養のためにニューヨークへ帰還《きかん》していたが、秋にはまたヨーロッパへ戻《もど》って、

前線を飛び回っていた。フランス、ベルギー。そうして、やがて、ドイツへ入った。

がれきと化し、荒《あ》れはてた祖国《そこく》の姿《すがた》がそこにあった。

あるときは、映画館《えいがかん》の残骸《ざんがい》の中でショーをひらき、進駐《しんちゅう》[*1]するアメリカ兵のために『リリー・マルレーン』を歌った。負けを受け入れた善良《ぜんりょう》なドイツ人たちが、街路や食料配給所や病院で整然と行列をつくる中、通訳《つうやく》にも奔走《ほんそう》した。

そんな中、「パリへ戻《もど》れ」と命令が出たが、それは、凍傷《とうしょう》とインフルエンザの治療《ちりょう》のためだった。パリに行ってからも、病気を押して、公演《こうえん》を務《つと》めた。

四月三十日、アドルフ・ヒトラーは、ベルリンの総統地下壕《そうとうちかごう》でみずから命を絶《た》った。

五月七日、ドイツが無条件降伏《むじょうけんこうふく》文書に調印。

翌《よく》八日深夜、すべての戦闘《せんとう》がやみ、第二次世界大戦《だいにじせかいたいせん》のヨーロ

*1 進駐《しんちゅう》…外国に進軍してとどまっていること。

ッパ戦線は終結した。

進駐軍《しんちゅうぐん》とともに任務《にんむ》を遂行《すいこう》していたマレーネは、ドイツでこの日を迎《むか》えた。

(あぁ。もう戦うことはないのに、誰《だれ》ひとり、うれしそうな顔をしていない。遠い異国《いこく》で倒《たお》れた仲間たちは帰って来ないのだもの。

帰還《きかん》の飛行機にいつ乗れるか、いつ家に帰れるか、分からないのだもの。)

アジアではまだ激《はげ》しい戦闘《せんとう》が続いていた。ヨーロッパから太平洋戦線に送られるアメリカ兵も多かったのだ。

(本国に帰ってから本当に彼《かれ》らに仕事はあるのかしら。

家族たちはよろこんで迎《むか》えてくれるのかしら。慰問《いもん》の先々で私《わたし》が励《はげ》ましたことが、うそにならないといいけれど。)

そう気づかうマレーネ自身、体じゅうのあちこちにトラブル

1945年4月30日、ソ連《れん》軍のベルリン攻撃《こうげき》によって破壊《はかい》されたドイツの国会議事堂《こっかいぎじどう》。
(写真：アフロ)

をかかえ、傷《きず》だらけだった。

七月。

マレーネはアメリカ兵たちといっしょに軍用機でニューヨークへ向かう。しかしこれは、また一時的な治療《ちりょう》のためだった。任務《にんむ》はまだ終わっていない。

空港は雨だった。もう長く会っていない夫ルドルフ・ジーバーが出迎《でむか》えてくれた。別居《べっきょ》が続いていたが、夫への思いがとぎれることはなかった。前線で将軍《しょうぐん》がくれた拳銃《けんじゅう》は税関《ぜいかん》で取り上げられた。

治療《ちりょう》が済《す》むと、ふたたびヨーロッパへ戻《もど》った。

連合国が対日戦勝記念日（日本が無条件降伏《むじょうけんこうふく》文書に調印した九月二日）を迎《むか》えるころ、マレーネはパリのオランピア劇場《げきじょう》[*1]で、帰還《きかん》を待ちわびる兵士《へいし》たちのために歌っていた。

前線と同じショーだった。

＊1 オランピア劇場《げきじょう》…パリにある老舗《しにせ》のミュージックホール。約二千人収容《しゅうよう》。

＊2 駐屯地《ちゅうとんち》…軍隊の部隊が留《とど》まっているところ。

その後はドイツへ行き、アメリカ軍の駐《ちゅう》*2屯地《とんち》を回った。

ある日、軍から連絡《れんらく》が入る。

「ディートリヒ大尉《たいい》。お母さまの居場所《いばしょ》が分かりました。無事に暮《く》らしていらっしゃいます。ベルリンです。」

「あぁ。ママ。」

軍用機が手配され、マレーネは飛んだ。そうして、生まれた町にほど近い場所の家具つきアパートでひっそりと暮《く》らす母と、再会《さいかい》した。

このニュースは世界がこぞって取り上げたが、ベルリンの報道《ほうどう》はいっさいなかった。

(戦争が終わってもアメリカの軍服を着て、日夜、ドイツを負かしたアメリカ兵のために歌っている私《わたし》だもの。)

マレーネは、このあとも、きっと消えないであろう母国の仕打ちが予想できた。

母はゲシュタポに「不審《ふしん》な人物」とみなされ、取り調べや連行も受けていたが、最後までマレーネ・ディートリヒの母であることをかくし通し、戦争を生き延《いの》びた。

姉も生きていた。しかし何と、あの強制収容所《きょうせいしゅうようじょ》でドイツ軍人用の映画館《えいがかん》を開き、ナチスに協力していたことが分かった。

悲しすぎる現実《げんじつ》だった。

十一月六日の夜。軍から依頼《いらい》された講演《こうえん》など、戦後のパリでふたたび活動していたマレーネに電報《でんぽう》が届《とど》く。

(心臓発作《しんぞうほっさ》!?)

母が亡《な》くなったという知らせだった。

葬儀《そうぎ》は、爆撃《ばくげき》を受けてめちゃめちゃになったベルリンの墓地《ぼち》でひっそりと行われた。

焼けこげのある古い廃材《はいざい》がひつぎになった。雨の中、埋葬《まいそう》してくれたのはアメリカ兵たちだった。

(「何かしていなさい!」がママの口ぐせだったわね……。

ママ、あたしはいつも何かしてきたわ。

きっとこれからも。ママの言う通りに。)

マレーネの任務《にんむ》は、いつ終わったのだろう。

マレーネは一九四八年、連合国軍占領下《せんりょうか》の日本を訪《おとず》れ、アメリカ兵たちを慰問《いもん》している。

❖五十二歳《さい》の冒険《ぼうけん》

戦後しばらくをパリで過《す》ごし、アメリカへ帰還《きかん》したあと、マレーネがいだいたのは解放感《かいほうかん》でもうれしさでもなかった。それは違和感《いわかん》、怒《いか》り。混乱《こんらん》とも言える。

(この国は、戦争でひどい目にあわなかった国、兵士《へいし》たちがどんな困難《こんなん》を乗りこえて生《い》き延《の》びたかを知らずにいる国なんだわ。)

帰還兵《きかんへい》たちが増《ふ》えるにつれ、彼《かれ》らの働き口はいやおうなしに減《へ》っていった。病院は手や足を失った負傷兵《ふしょうへい》であふれた。婚約《こんやく》者《しゃ》を訪《たず》ねたらすでに家庭を持っていた、子どももいた、と語る人も少なくなかった。

戦争で、ふだんの暮《く》らしや気持ちをかき乱されなかった人たちを責《せ》めるつもりはなかった。マレーネはただ「戦争」というものが哀《かな》しかった。

マレーネはこの混乱《こんらん》をおさめるのに、「長い時間がかかった」と回想している。その力になったのは、やはり仕事だった。

ある日、当時俳優《はいゆう》になっていた娘《むすめ》のマリアから、慈善《じぜん》事業の手伝いを頼《たの》まれた。「いっしょに出ましょう。」と言うのだ。

ニューヨークのマディソン・スクエア・ガーデンで催《もよお》される一大イベントで、ゾウに乗ってほしいという。

ゾウに乗るのがいやなのではなく、何とはなしに気がすすまなかった。ところが、結局マレーネはサーカスの団長《だんちょう》の役を引き受ける。

黒のホットパンツ、トップハット、きらきらと光るボタンがまぶしい真っ赤な燕尾服《*1えんびふく》、黒いストッキングに黒いブーツ、小道具はむち。

「マリア、見て。なかなかのものよね。」

鏡に映《うつ》るマレーネは、たしかに、なかなかのものだった。

＊1 燕尾服《えんびふく》…男性《だんせい》の夜間の礼服。裾《すそ》がツバメ（燕《つばめ》）の尾《お》のようなのでそう呼《よ》ばれる。

マレーネが登場すると、人気者のゾウでさえ影《かげ》が薄《うす》れた。

「すぐ手の届《とど》くところにお客様がいるって、なんて面白いのかしら。笑ったり、驚《おどろ》いたり、手をたたいたり。

生身《なまみ》の私《わたし》の声や動きを、たちまち喜《よろこ》んでくれる！」

「そうよ、ママ。よかったわ、ママ。」

ピエロのかっこうをしたマリアは、目をかがやかせて語るマレーネがうれしかった。

マレーネは、水を得《え》た魚のようにイベントを楽しんだ。これを見ていたのが、ラスベガス[*1]でホテルを経営《けいえい》する大物、ビル・ミラーだった。

「マダム・ディートリヒ。

私《わたし》のホテルに出演《しゅつえん》していただけませんか？

四週間の契約《けいやく》でいかがでしょう。

ただし、お客がカジノ[*2]のゲーム台に戻《もど》れるよう、一ステージ

*1 ラスベガス…アメリカ南西部にある都市。世界有数の観光都市として有名。

*2 カジノ…ルーレットなどのかけ事を中心にした娯楽施設《ごらくしせつ》。

二十分以内でお願いしたいのですが。」

提示《ていじ》された出演料《しゅつえんりょう》は高額《こうがく》で、断《ことわ》る理由はなかった。

デビュー公演《こうえん》は一九五三年十二月。あと十日あまりで五十二歳《さい》を迎《むか》えるマレーネは、新しい冒険《ぼうけん》にこぎ出した。

前座《ぜんざ》と曲芸をふくめた二十五分のショー。過去《かこ》に映画《えいが》の中で歌った八曲をプロデュースした。

衣裳《いしょう》にはこだわった。

ドレスのウエストから下は黒のネット地、薄地《うすじ》の上半身は胸《むね》がスパンコールでいろどられ、えりぐりにアクセントのダイヤモンド・ネックレスが光る。仕上げは黒ギツネの毛皮で縁取《ふちど》りされた黒いシフォン*3のケープ*4だ。

観客の目は釘《くぎ》づけとなり、マレーネが物うげ*5に歌い始めると、自分がこのホテルに来ているのはカジノのためだ、ということを忘《わす》れた。

*3 シフォン…絹《きぬ》などで作った薄《うす》くやわらかい生地。
*4 ケープ…袖《そで》がついていない羽織《はお》りもの。短いマントのような形をしている。
*5 物うげ…「なんとなく憂《ゆう》うつな」「なんとなく気がふさぐような」といった様子。

(ブラボー!)

拍手《はくしゅ》が鳴りやまない。

(大成功ね!)

以降《いこう》、ホテルと継続的《けいぞくてき》な契約《けいやく》を結び、翌年《よくねん》にはロンドンの一流ナイトクラブ「カフェ・ド・パリ」とも契約《けいやく》。マレーネの人生とキャリアに、大きな転機が訪《おとず》れていた。

それから二十数年間、マレーネの公演《こうえん》旅行は続いた。

オランダ、アムステルダム公演《こうえん》のときは、アンネ・フランク[*1]の家を訪《おとず》れた。もちろんマレーネの希望である。

「彼女《かのじょ》の部屋をお花でいっぱいにしてくださらない。

お願いしますね。」

アンネ・フランク一家ほか八人がかくれ家とした家に向かう前から、マレーネの胸《むね》はつぶれそうになっていた。花におおわれた部屋でおよそ三十分、マレーネはおしだまったままだった。

＊1アンネ・フランク(一九二九〜一九四五年)…『アンネの日記』を書いたユダヤ系《けい》の少女。約二年間、ナチスから隠《かく》れて住んでいた。強制収容所《きょうせいしゅうようじょ》で病死した。

1955年、ステージに立つ53歳《さい》のマレーネ・ディートリヒ。(写真：アフロ)

部屋から出て来たとき、マレーネの目は赤くはれ上がっていた。

マレーネは、別の面でもいそがしかった。

ラジオ番組のレギュラーがあった。レコーディングがあった。雑誌《ざっし》の表紙を飾《かざ》り、もちろん映画《えいが》にも出た。

そして、孫のベビーシッター*1。娘《むすめ》のマリア夫婦《ふうふ》は共働きだったし、子どもの世話はお手のものだった。シチューなどを作り置きして帰ることもあった。

〈整理整頓《せいとん》されていない部屋はたえられないのよ。

家じゅうをそうじしてまわり、赤ちゃんのよごれ物をかかえて夜中にタクシーに乗ったらね、私《わたし》のことが年寄りのお手伝いさんに見えたのかしら。運転手さんが言うのよ。

『子どもというのは手が焼けるものですな。』って。」

そう言って笑うマレーネは、「世界一グラマラスなおばあち

*1 ベビーシッター…保護《ほご》者《しゃ》が保育《ほいく》できないときに、保護者《ほごしゃ》にかわって小さな子どもの面倒《めんどう》を見る人。

ゃん」と言われ、それを喜《よろこ》んだ。

それから。

そのころ病気がちになっていた夫のルドルフが住んでいるカリフォルニアにも、足を運んでいた。ラスベガスの公演《こうえん》が終わってから行ける日は、カリフォルニアへ向かう最終便の時間が気になった。

さらに。すでに十分いそがしいのに、自分の衣裳《いしょう》を自分で直した。針《はり》と糸の使い方になれていて、薄《うす》い布地《ぬのじ》のほつれをきれいにしたり、取れかかったスパンコールを縫《ぬ》い直したり、「このほうがすてきね。」と長さや飾《かざ》りの位置を変えたりした。

完全主義者《しゅぎしゃ》と言ってしまえばそれまでだが、つまりマレーネは、家事全般《ぜんぱん》が得意《とくい》で大好きな、世話好きの女性《じょせい》だったのだ。

ずっと母の言いつけを守り続けたばかりに、「何かして」いないと気がすまない。

❖プラカード「マレーネ、ゴーホーム！」

世界を股《また》にかけた「ワン・マン・ショー」が繰《く》りひろげられるようになっていた。北米、ヨーロッパはもちろんのこと、南米、北欧《ほくおう》でもショーを展開《てんかい》し、各地で大成功をおさめた。

マレーネのパフォーマンスはさらにみがき上げられ、プログラムの完成度はこれでもか、と言わんばかりに高まっていった。

それを支《ささ》えたのは、作曲、編曲《へんきょく》、指揮《しき》もこなし、ショービジネス界にもくわしい若《わか》き音楽家、バート・バカラック[*1]。彼《かれ》もまたスタンバーグ監督《かんとく》と同じドイツ系《けい》ユダヤ人だった。

彼《かれ》はオーケストラをマレーネの声にぴったり合わせ、きらめきのある斬新《ざんしん》なアレンジで観客をあきさせなかった。それどころか、ステージでピアノやギターを奏《かな》で共演《きょうえん》するなど、ますます刺激的《しげきてき》で愛にあふれた公演《こうえん》をつくりあげた。

そして、ついに故国《ここく》ドイツ（西ドイツ[*2]）でのツアーが計画さ

＊1 バート・バカラック（一九二八～二〇二三年）…アメリカ出身。137ページ参照《さんしょう》。

＊2 西ドイツ…第二次世界《だいにじせかい》大戦《たいせん》後、ドイツは西ドイツと東ドイツに分裂《ぶんれつ》した。一九九〇年、西ドイツに東ドイツが統合《とうごう》された。

れた。

スケジュールが発表されるやいなや、非難《ひなん》が殺到《さっとう》する。新聞、雑誌《ざっし》、ラジオ局に寄《よ》せられるおびただしい抗議《こうぎ》！

「あなたはドイツに来るのを何とも思わないのですか？にくむべき戦争犯罪者《はんざいしゃ》としてリンチを受けるのが当然です。」

「裏切《うらぎ》り者！　おまえたちユダヤ人支持者《しじしゃ》が、ヨーロッパがおとろえた原因だ。」

「わざわざドイツに戻《もど》って来るとは！　何ともばかにしている。それにふさわしい形で〝歓迎《かんげい》〟しようではないか。」

あろうことか、西ドイツのマスコミ自体が、うその情報《じょうほう》をふりまいて混乱《こんらん》をあおった。「マレーネはドイツ語を話すのをこばんだ」とか、「ドイツをどんなに憎《にく》んでいるか」とか。

マレーネは、あからさまな人びとの声に、傷《きず》つき、打ちのめされた。

しかし、かばう声も少なくなかった。

「思い出してほしい。彼女《かのじょ》が倒《たお》そうとしたのは、私《わたし》たち市民ではないのです。」

「マレーネはヒトラーとナチスというあやまった流れに巻《ま》き込《こ》まれなかったではないですか。われわれがナチのかぎ十字の前にひれ伏《ふ》していたというのに。」

この騒《さわ》ぎを心配して、手始めに予定されていたオーストリア・ウィーンの公演《こうえん》は中止になった。オープニングのベルリン五日間公演《こうえん》は三日間になり、西ドイツ国内十七都市の公演《こうえん》は十二都市に減《へ》った。

マレーネは引き下がらなかった。

一九六〇年五月。周囲《しゅうい》の励《はげ》ましに支《ささ》えられ、自分の勇気をふりしぼって、西ベルリン、テーゲル空港に降《お》り立《た》つ。

『マレーネ、ゴーホーム！（マレーネは帰れ！）』

マレーネを出迎《でむか》えたのは、にょきにょきとゆれるプラカードと、それをかかげる苦々しい表情《ひょうじょう》の反対派集団《はんたいはしゅうだん》だった。

そしてツアーが始まった。

バカラックはドイツ公演《こうえん》のためにアイデアをこらし、すばらしいプログラムに仕上げていた。ロマンチックな中に威厳《いげん》があり、それは、マレーネが歩んできた半生や意志《いし》が感じられる味わい深いものとなった。

『リリー・マルレーン』は中でも特別だった。

いつもは、歌う前に、その曲にまつわる簡単《かんたん》な説明や語りを入れるのだが、それを省いたのだ。

語りたいことが多すぎると無言になる。

敵《てき》も味方もなく歌われ、愛されたこの歌。ときにはしみじみと、ときには雄々《おお》しく合唱していた兵士《へいし》たちの姿《すがた》。爆撃音《ばくげきおん》、迫《せま》る砲火《ほうか》、*1歯の根も合わないテントの寒さ……。

マレーネは戦下で体験したさまざまなシーンを思い浮《う》かべながら歌ったにちがいない。

何の気がねもなくドイツ語を使えるのは気持ちがよかった。

(母国語を話せるって、こんなに安心なことなんだわ。)

どの公演《こうえん》でも*2カーテンコールがあった。最終公演《こうえん》のミュンヘンでは六十回を超《こ》えた。*3天井桟敷《てんじょうさじき》で見ていた若者《わかもの》たちは、舞台《ぶたい》へかけ寄《よ》り、「戻《もど》ってきて」「戻《もど》ってきて」と手を差し出した。

ひどい事件《じけん》もあった。

デュッセルドルフのホテルのロビーで、十八歳《さい》の若《わか》い娘《むすめ》につばを吐《は》きかけられたのだ。人ごみから手を伸ばし、ミンクのコートを引《ひ》っ張《ぱ》りながら「裏切《うらぎ》り者!」とさけんで。

＊1 歯の根も合わない…寒さや恐ろしさのためにひどく震《ふる》えること。

＊2 カーテンコール…舞台《ぶたい》が終わったあと、出演者《しゅつえんしゃ》などが舞台《ぶたい》で観客にあいさつすること。

＊3 天井桟敷《てんじょうさじき》…劇場《げきじょう》の最後方、最上階の舞台《ぶたい》からいちばん遠い席。

（私《わたし》が四十歳《さい》のとき生まれた子なのね……。）

その年にはマレーネはアメリカの市民権《しみんけん》を得《え》ていたし、すでに戦争に巻《ま》き込《こ》まれていた。

あるときは、「劇場《げきじょう》に時限爆弾《じげんばくだん》をしかけてある」という脅迫《きょうはく》電話が入り、緊張《きんちょう》につつまれた。

公演《こうえん》中はどこの街にも「マレーネ、ゴーホーム！」のポスターが貼《は》られ、抗議《こうぎ》する人たちがたむろした。

事故《じこ》もあった。

ヴィースバーデンの公演《こうえん》中、バランスをくずし、燕尾服《えんびふく》のままステージから落ちてしまったのだ。（大丈夫《だいじょうぶ》よ。）と言う笑顔をつくりながらよじのぼり、ショーを続けたものの、医者に診《み》てもらうと「左肩《ひだりかた》の脱臼骨折《だっきゅうこっせつ》」と分かった。

応急手当《おうきゅうてあ》てのままショーを続けたのは、マレーネのプロ魂《だましい》だった。

それ以後のツアーもプログラムどおりこなしたのだ。

観客は誰《だれ》も知らない。

マレーネにとって、祖国《そこく》の人びとの複雑《ふくざつ》な心境《しんきょう》を目の当たりにしたツアーとなった。こびることも、言い訳《わけ》することもなく、マレーネはきっぱりと、そして優雅《ゆうが》に人びとの前に立ち、その反応《はんのう》を受け入れた。

ドイツ公演《こうえん》から二週間もたたない一九六〇年六月には、イスラエル[*1]公演《こうえん》のために、パリからテルアビブ空港へ飛んだ。

イスラエル……一九四八年五月に建国。

ユダヤ人たちの国と言われながらも、長い歴史《れきし》と国際情勢《こくさいじょうせい》の中で複雑《ふくざつ》な立場を持つ国。ナチス＝ドイツと敵対《てきたい》したマレーネが特別な思いを寄《よ》せる国。

だからこそ、考えあぐねた。

「イスラエルでは何語で歌ったらいいかしら？」

2023年のイスラエル

＊1 イスラエル…一九四八年、中東のパレスチナに建国されたユダヤ人国家。

会場の前にはもう、二千人あまりの人が列をつくっていた。きちんと正装《せいそう》で並《なら》ぶ中年の男女は、おそらく、ヒトラーの独裁《どくさい》が始まる前に外国へ逃《のが》れたか、収容所《しゅうようじょ》などから逃《に》げ延《の》び、命からがら生きながらえた人たちだ。

当時、イスラエルの舞台《ぶたい》に立つ芸術家《げいじゅつか》はドイツ語を禁《きん》じられていた。英語か、フランス語、あるいはスペイン語。ヘブライ語[*2]なら問題はない。

さぁ、ステージが始まる。

すると何人かの観客が立ち上がって言った。

「マダム・ディートリヒ。

このステージでは、ぜひドイツ語でドイツの歌を歌ってください。」

それに同意するかのような拍手《はくしゅ》が起こり、マレーネの背中《せなか》を押した。

＊2 ヘブライ語…一九四八年にイスラエルが建国されると公用語の一つとなった。古代の聖書《せいしょ》（旧約《きゅうやく》聖書《せいしょ》）はヘブライ語で書かれている。

(私《わたし》を敬意《けいい》で迎《むか》えてくださるのね。
ありがとう。ありがとう。)

『リリー・マルレーン』を歌い出すと、会場からハミングがもれ出した。そのうちそれが合唱になった。

熱い涙《なみだ》が流れたが、その前から泣いていたのは観客のほうだった。

西ドイツで味わった辛《つら》い思いは、イスラエルでいやされた。

❖ベルリンの壁《かべ》。そして、ワルシャワ、モスクワ。

ドイツ、イスラエルなどを回った翌年《よくねん》の一九六一年八月。

東ドイツ当局は突然《とつぜん》、一夜のうちに、西ベルリンを包囲《ほうい》。東ベルリンとの境界《きょうかい》に有刺《ゆうし》鉄線を張《は》りめぐらし、その後「ベルリンの壁《かべ》」を建設《けんせつ》した。

第二次世界大戦《だいにじせかいたいせん》の終戦後、敗戦国となったドイツは、西側（自由主義陣営《しゅぎじんえい》＝イギリス、アメリカ、フランス）三か国と、東側（社会主義陣営《しゅぎじんえい》＝ソ連《れん》）によって分割統治《ぶんかつとうち》され、「西ドイツ」と「東ドイツ」になっていた。

東ドイツの中にぽつんと残された旧《きゅう》ドイツの首都ベルリン市内も四つの国が統治《とうち》し、「西ベルリン」と「東ベルリン」に分断《ぶんだん》されていたのだ。

分断《ぶんだん》されてはいたが、東西の境界線《きょうかいせん》を経由《けいゆ》して往来《おうらい》は自由だった。

ところが、窮屈《きゅうくつ》で貧《まず》しい東側から、自由で豊《ゆた》かな西側へ移動《いどう》する人があとを絶《た》たない。手をこまねいた東ドイツ政府《せいふ》が、人口流出を食い止める策《さく》として実行したのが「ベルリンの壁《かべ》」の建設《けんせつ》だった。

人々は、突然《とつぜん》、家族や友人、知人と引きさかれ、西側へ向かおうとした多くの人たちが、とらえられたり射殺《しゃさつ》されたりした。

こんどは、ドイツ人同士《どうし》が仲たがいをしている。

(あの美しいベルリンに壁《かべ》!? ひどいわ。)

マレーネはまたしても深い悲しみに引きずり込《こ》まれた。

第二次世界大戦《だいにじせかいたいせん》が終わってからも、世界では途切《とぎ》れることなく戦争が起こっていた。

朝鮮《ちょうせん》半島で、ベトナムで、中東で、そのほかさまざまな国や地域《ちいき》で。

そのほとんどが、東西の冷戦[*1]が引き起こしたものだった。

*1 冷戦…武力《ぶりょく》によらない対立。この場合はアメリカ合衆国《がっしゅうこく》を中心とする資本主義《しゅぎ》国とソヴィエト連《れん》邦《ぼう》(ソ連《れん》)を中心とする社会主義《しゅぎ》国の対立。東西冷戦。

そんな中、マレーネは誰《だれ》も予測《よそく》しなかった地を選ぶ。

ポーランドと、ソ連《れん》。どちらも東側の社会主義陣営《しゅぎじんえい》である。

ナチス＝ドイツと戦い、たくさんの犠牲《ぎせい》をはらった人々に、自分の歌声を伝えたかったのだ。

交渉《こうしょう》や準備《じゅんび》は大変だったが、ポーランドのワルシャワ、ソ連《れん》のレニングラード、モスクワ、どの都市でも歓迎《かんげい》を受け大盛況《だいせいきょう》だった。

ワルシャワでは——。

「ワルシャワ・ゲットー蜂起《ほうき》」[*2]の記念碑《きねんひ》を訪《おとず》れて、ゲットー（ユダヤ人の強制居住地域《きょうせいきょじゅうちいき》）で戦った英雄《えいゆう》たちに花をたむけた。マレーネはのどがしめつけられる思いで、長いあいだ祈《いの》った。アンネの家を訪《おとず》れたときのように。

ショーの最後は、聴衆《ちょうしゅう》が何度もアンコール[*3]を望んだ。

「みなさん、もうアンコールで歌う曲がないわ。」

＊2 ワルシャワ・ゲットー蜂起《ほうき》…一九四三年四月〜五月、ユダヤ人たちが起こしたナチスへの反乱《はんらん》。

＊3 アンコール…演目《えんもく》がすべて終わったあとに追加の演目《えんもく》を要望すること。

「では、『リリー・マルレーン』をあと五回！」

そんなうれしいやりとりで幕《まく》を閉《と》じたこともある。

モスクワでは。

幕《まく》が上がる直前に停電《ていでん》し、オーケストラボックスの明かりが消える、というアクシデントがあった。

「これでは譜面《ふめん》が読めない。幕は上げられないよ。」

パートが飛んで来て言った。すると、コンサートマスターが駆け寄ってほほえんだ。

「明かりは必要ありません。

団員《だんいん》はみんな譜面《ふめん》を暗記していますから。」

そのとおりだった。演奏《えんそう》はすばらしく、ショーは大きな歓声《かんせい》のうちに終わった。

公演《こうえん》後のパーティーには団員《だんいん》の家族や友人もまねき、ウォッ[*1]カとキャビア[*2]で祝杯《しゅくはい》をあげた。ソ連《れん》からお金を持ち出せなかっ

＊1 ウォッカ…穀物《こくもつ》からつくる蒸留酒《じょうりゅうしゅ》。東ヨーロッパやロシアで好まれている。

＊2 キャビア…チョウザメの卵《たまご》を塩漬《つ》けにしたもの。

たので、マレーネはたくさんの人に喜《よろこ》んでもらうために、その場で公演《こうえん》の報酬《ほうしゅう》をすべて使いはたした。

(ソ連《れん》という枠《わく》は、しっくりこないの。私《わたし》にとってはロシアなのよ。スラヴ人[*3]は親しみ深く愛すべき人たちよ。)

＊3 スラヴ人…スラヴ語派《は》の言語を話す人たちの総《そう》称《しょう》。ユーラシア大陸に広く分布《ぶんぷ》する。

一九六〇年代に入ると、マレーネの公演《こうえん》プログラムが変わってきた。

　これまでのプログラムにあった、なつかしいドイツの歌、アメリカ映画《えいが》の主題歌、フランスのシャンソンなどに、「反戦歌」が加わったのだ。

『花はどこへ行った』[*1]は、アメリカのフォークシンガー、ピート・シーガー[*2]が一九五五年に作詞作曲した歌で、歌詞は、ソ連《れん》の小説家ミハイル・ショーロホフ[*3]が『静かなドン』に書いたウクライナ民謡《みんよう》がベースになっている。

　その歌詞は、帰らぬ夫を探し求める若《わか》い娘《むすめ》たちをモチーフに、戦場で亡《な》くなった兵士《へいし》たちや平和を「失われた花」にたとえて戦争の愚《おろ》かさやむなしさを表現《ひょうげん》したものだ。

　やさしいメロディーの中に、悲しさと憤《いきどお》り[*4]が歌われている。マレーネの気持ちそのままだった。

＊1『花はどこへ行った』…世界で最も有名な反戦歌と言われている。
＊2ピート・シーガー（一九一九〜二〇一四年）…アメリカのフォークシンガー。
＊3ミハイル・ショーロホフ（一九〇五〜一九八四年）…ソ連《れん》の小説家。一九六五年にノーベル文学賞《ぶんがくしょう》を受賞《じゅしょう》。
＊4憤《いきどお》り…怒《いか》り。

マレーネは一九六二年にフランス語とドイツ語でアルバムにカバー[*5]。バート・バカラックの編曲《へんきょく》である。

もう一曲。

アメリカのミュージシャン、ボブ・ディラン[*6]が一九六三年に収録《しゅうろく》した『風に吹《ふ》かれて』も歌うようになった。

『花はどこへ行った』とともに反戦歌を代表する曲だが、この曲の歌詞《かし》には「戦争をやめなさい」とか、「平和が大切だ」といった直接的《ちょくせつてき》なメッセージはない。

「戦争を起こす人」や「戦争を見て見ぬふりをする人」に対して、「いつになったら？」とか「どうして？」といった間接的《かんせつてき》な問いかけを繰《く》り返《かえ》す、それまでになかったスタイルだ。

歌詞《かし》の「どうして？」という問いかけに対する答えをはっきりと断定《だんてい》せずに、「風の中」というあいまいな言葉を使うことで自由な解釈《かいしゃく》を生み、歌う側も聞く側も、それぞれが深い思い

＊5 カバー…すでに発表されている曲を、のちに別の歌手が歌うこと。

＊6 ボブ・ディラン（一九四一年〜）…アメリカのミュージシャン。二〇一六年に歌手として初めてノーベル文学賞《ぶんがくしょう》を受賞《じゅしょう》。

にいたる。

アメリカの[*1]公民権《こうみんけん》運動や、[*2]ベトナム戦争、それに抗議《こうぎ》する歌としてだけでなく、この歌はすべての人に「無関心でいることの罪《つみ》」を問いただした。

バートの編曲《へんきょく》が、説得力《せっとくりょく》と重みのあるマレーネの歌を、軽やかでしゃれたポップ感でいろどった。

マレーネの好奇心《こうきしん》はおとろえない。

ラジオ、テレビに出演《しゅつえん》し、このころ開発されたLP《エルピー》レコードのアルバム制作《せいさく》にも挑戦《ちょうせん》した。高感度のテープなど、最新式の機材に囲《かこ》まれたレコーディング・スタジオは刺激的《しげきてき》だった。

ロンドンで同じ舞台《ぶたい》に立ったことがきっかけで、まだ新人だったイギリスのロックバンド「ザ・ビートルズ」[*3]が好きになり、それ以降《いこう》、みるみる世界中で人気を集めていく彼《かれ》ら四人を見守った。

プライベートでは、がんが見つかったり、完全な信頼《しんらい》を寄《よ》せていたバート・バカラックとの別れがあったり、大変なできごとを乗り越《こ》えながら、だったけれども。

「これから行きたいツアーはどこですか?」

あるインタビューでたずねられ、マレーネは答える。

「オーストラリアと、日本ね。」

*1 公民権運動《こうみんけんうんどう》…アメリカの人種差別の撤廃《てっぱい》と法の下の平等を求めた社会運動。

*2 ベトナム戦争……一九六〇(諸説《しょせつ》あり)~一九七五年にベトナムで起きた戦争。ベトナムの統一《とういつ》と独立《どくりつ》をめぐる争いにアメリカ合衆国《がっしゅうこく》が介入《かいにゅう》した。

*3 ザ・ビートルズ…イギリス・リバプール出身の男性《だんせい》四人組みロック・バンド。一九六〇年代から七〇年にかけてアメリカ合衆国《がっしゅうこく》をはじめ世界各国でヒットを記録した。

第六章

エピローグ。私《わたし》は生粋《きっすい》のベルリンっ子

※大好きなフランス、パリ

マレーネはニューヨークのほかに、パリを拠点《きょてん》とするようになっていた。

さて。

いつかのインタビューで答えた通り、マレーネは一九七〇年に来日。大阪で開かれた日本万国博覧会《はくらんかい》[*1]の会場で公演《こうえん》した。

一九七四年にはあらためて来日。東京でのコンサートは熱狂《ねっきょう》的《てき》なファンでわきかえり、往年《おうねん》の大スターにしていまだ現役《げんえき》の歌手「マレーネ・ディートリヒ」に酔《よ》いしれた。

(日本はドイツと同じ敗戦国。アメリカによって原子爆弾《ばくだん》[*2]を落

---

*1 日本万国博覧会《はくらんかい》…一九七〇年に大阪府吹田市《おおさかふすいたし》で開催《かいさい》された万国博覧会《はくらんかい》。七十七か国が参加。シンボル「太陽の塔《とう》」は現在《げんざい》も万博記念公園にある。

*2 原子爆弾《ばくだん》…核分裂《かくぶんれつ》のエネルギーを利用した爆弾《ばくだん》。破壊力《はかいりょく》が非常《ひじょう》に大きい。

とされた国。私《わたし》が行きたい国として日本を選んだのには、意味があるのよ。)

「どうしてそんなにお若く美しいのですか?」

こんな質問《しつもん》ばかりには、うんざりしたにちがいない。

たしかにマレーネは体のおとろえや不調と折り合いをつけながらも、伝説的な美しさを保《たも》ったままツアーを続けていた。

しかし。

一九七五年五月。オーストラリアのシドニーが最後のステージとなる。

いつものように下手《しもて》から舞台《ぶたい》中央にすすみ、ケープを天にあおってポーズを取ろうとしたとき、ぐらりとよろめいてあお向けに倒《たお》れてしまったのだ。なかなか起き上がれない。

観客がざわめくうちに、幕《まく》は下ろされた。

骨折《こっせつ》はこれまでにも何度も経験《けいけん》している。そのたびにみごと

にカムバックしてきたが、こんどばかりは事態《じたい》が深刻《しんこく》だった。

左脚《ひだりあし》、大腿骨《だいたいこつ》の骨折《こっせつ》である。

公演《こうえん》を途中《とちゅう》で打ち切ったのは初めてだった。

マレーネはシドニーの病院から、ロサンゼルスの病院、ニューヨークの病院へ移《うつ》ったあと、よりよい治療《ちりょう》と休息を求めてパリの自宅《じたく》へ帰った。

自宅療養《じたくりょうよう》のあいだに、夫ルドルフが亡《な》くなった。

(私《わたし》を一人置いて、旅立ってしまうのね。)

生涯《しょうがい》を通して何人もの恋人《こいびと》や親友を持ちながら、ルドルフと夫婦《ふうふ》であり続けたマレーネのことを世間は不思議がったが、不思議でも何でもないことだった。

マレーネの愛に、分けへだてはなかった。

夫、娘《むすめ》、孫という家族に限《かぎ》らず、恋人《こいびと》、友人、知人、隣人《りんじん》、困《こま》っている人のために心をくだき、世話を焼き、働き、かせぎ、見返りを求めず、お金でも時間でも、気前よく差し出した。
マレーネは、つねに正直で誠実《せいじつ》な「愛の戦士《せんし》」だったのだ。

1930年代、世界中の人びとから人気を集めたころのマレーネ・ディートリヒ。
（写真：アフロ）

❖舞《ま》い降《お》りた天使

「パリの冬、パリの春、パリの夏、そして秋は、たとえようもないくらい美しいの。私《わたし》はこの場所で、自然なままの流れにまかせて暮《く》らしていくわ。天使が迎《むか》えに来るまで。」

そう語ったマレーネだったが、八十代以降《いこう》の晩年《ばんねん》、車いすの不自由さはあったものの、おとなしく引きこもっていたわけではなかった。

マレーネの業績《ぎょうせき》についてとり上げたドキュメンタリー映画《えいが》『マレーネ』に、ナレーター*1として声だけ出演《しゅつえん》したが、公開されたのは八十二歳《さい》のときだった。そのほか、自伝第二作の発表。インタビューの仕事、ベッドに座《すわ》ったままリルケの詩を朗読《ろうどく》したり、歌詞《かし》を暗誦《あんしょう》したり。

録音はベッドの上でできたので、気に入っていた。

アメリカ・ファッション・デザイナー協会から顕彰《けんしょう》*2されたと

---

*1 ナレーター…テレビなどで画面には出ず状況《じょうきょう》などを説明する人。語り手。『マレーネ』ではインタビューを受けるかたちで出演《しゅつえん》した。

*2 顕彰《けんしょう》…功績《こうせき》などを広く世間に知らせて表彰《ひょうしょう》すること。

きは、多くの人があらためて、マレーネの独自《どくじ》のモード(形式、スタイル)をたたえた。

西ドイツはもうとっくにマレーネを理解《りかい》し受け入れ、「ドイツが生んだ、ただ一人の世界的スター」と賞賛《しょうさん》していた。

一九八九年十一月九日、夜。

東西ベルリンの国境《こっきょう》ゲートが開放され、じつに二十八年間存在《そんざい》したコンクリートの壁《かべ》にハンマーが打《う》ち込《こ》まれた。

ガツン、ガツン。

ガツン、ガツン。

歓喜《かんき》するベルリンの人びとの顔、顔、顔。

市民の手によって壁《かべ》がたたき壊《こわ》される様子を見て、八十七歳《さい》のマレーネが、叫《さけ》ぶ。

「私《わたし》は生粋《きっすい》のベルリンっ子。すばらしいわ!

私《わたし》の街《まち》は自由よ！」

祖国《そこく》はふたたび統合《とうごう》された。

「昔、南フランスのアンティーブ岬《みさき》でダンスをおどったあの坊《ぼう》やが、いつか演説《えんぜつ》していたわね。『どこに住んでいようと世界中のすべての自由を求める者はみな、ベルリン市民である。』って。」

あの坊《ぼう》や、ことジョン・Ｆ《エフ》・ケネディはその後、アメリカの大統領《だいとうりょう》となり、のちにベルリンで、歴史《れきし》に残るスピーチ[*1]をしていた。四十六歳《さい》の若《わか》さで銃弾《じゅうだん》に倒《たお》れたのはその年である。


一九九二年五月六日。

パリ八区モンテーニュ街十二番地のアパルトマン[*2]に、天使たちが舞《ま》い降《お》りる。

祖国《そこく》を想い続け、フランスを愛したアメリカ国籍《こくせき》のドイツ人、

＊1 スピーチ…一九六三年六月、ケネディ大統領《だいとうりょう》は西ベルリンを訪問《ほうもん》し、約三十万人の市民の前で演説《えんぜつ》した。暗殺《あんさつ》されたのは同年十一月。

＊2 アパルトマン…フランスの、日本語でいうアパートのこと。家具付きの部屋が多い。

マレーネ・ディートリヒ、九十歳《さい》。

たくさんの天使たちが、楽しげにさんざめいて、リュート[*3]やハープを奏《かな》でながら、あるいは笑いかけたり、歌ったり、手をつないだりしながら、マレーネの魂《たましい》を天の彼方《かなた》へとみちびいて行ったのかもしれない。

ちょうど翌日《よくじつ》から開催《かいさい》されるカンヌ国際映画祭《こくさいえいがさい》[*4]は、この「時」に引《ひ》き寄《よ》せられたかのように、不滅《ふめつ》の俳優《はいゆう》「マレーネ・ディートリヒ」へ感謝《かんしゃ》をささげることをテーマにしていた。

街のところどころに貼《は》られたポスターに、若《わか》かりしマレーネの写真があった。

葬儀《そうぎ》はパリのマドレーヌ寺院で行われた。

ひつぎにはフランス共和国の三色旗がかけられ、アメリカとフランスから授《さず》けられたメダルがのせられた。

いずれも、マレーネの卓越《たくえつ》した勇気と功績《こうせき》に敬意《けいい》を表した勲《くん》[*5]

---

*3 リュート…おもに中世からバロック期にかけて、ヨーロッパでよく使われていた古典的な弦楽器《げんがっき》。

*4 カンヌ国際映画祭《こくさいえいがさい》…毎年五月に南フランスの都市カンヌで催《もよお》される国際《こくさい》的《てき》な映画《えいが》祭。世界三大映《えい》画《が》祭の一つ。

*5 勲章《くんしょう》…マレーネが授《さず》けられた勲章《くんしょう》は「大統領《だいとうりょう》自由勲章《くんしょう》」（アメリカ）、「レジオンドヌール・オフィシエ」「レジオンドヌール・コマンドゥール」（フランス）

章《しょう》だった。

次にひつぎは、アメリカ合衆国《がっしゅうこく》*1の星条旗《せいじょうき》につつまれ、母国ドイツへ運ばれた。

ひつぎは今度は、再統合《さいとうごう》した*2ドイツ連邦《れんぽう》共和国の黒、赤、金の国旗におおわれ、あらたに葬儀《そうぎ》がとり行われた。

そうして、なきがらは、大好きな母が眠《ねむ》る墓《はか》の隣《となり》に葬《ほうむ》られた。

魂《たましい》は時空を超《こ》えて、永遠《えいえん》に生き続ける。

二〇〇二年、ベルリン名誉《めいよ》市民となったマレーネ・ディートリヒ。

私《わたし》たちは、あなたを忘《わす》れない。


（終わり）

＊1 星条旗《せいじょうき》…アメリカ合《がっ》衆国《しゅうこく》の国旗。
＊2 ドイツ連邦《れんぽう》共和国…一九九〇年に再統合《さいとうごう》したドイツの正式名称《めいしょう》。

もっと よくわかる！

マレーネ・ディートリヒ

平和の祈《いの》りを歌で届けたマレーネ・ディートリヒは、
どんな人物だったのか見てみましょう。

「ただユダヤ人であるというだけで
迫《はく》害《がい》する人間を、信用できるでしょうか？」

（マレーネ・ディートリヒの言葉）

マレーネ・ディートリヒって

どんな人？

お話の中には出てこなかった、マレーネ・ディートリヒの素顔《すがお》を見てみましょう。

「マレーネ」は、自分で考えた名前

マレーネ・ディートリヒの生まれたときの名前は、マリー・マグダレーネ・ディートリヒです。マリーもマグダレーネも、キリスト教の聖書《せいしょ》に出てくる女性《じょせい》の名前です。家族や親《しん》戚《せき》の人は、彼女《かのじょ》のことをマグダレーネの愛称《あいしょう》として一般的《いっぱんてき》だった「レニ」とか「レーナ」と呼《よ》んでいました。

ところが、本人は、もっとロマンチックな名前にしたいと思い、自分自身で「マレーネ」という名前を考え出しました。そして、子どものころから、マレーネと名乗り、サインもしていたそうです。

写真を撮《と》られるのが大好きだった少女

マレーネは小さいころから写真を撮《と》られるのが大好きで、カメラの前でポーズをとりました。自分の姿《すがた》を美しくみせてくれたからです。

この性格《せいかく》が、のちの映画《えいが》俳優《はいゆう》の仕事にもつながっています。

母親の影響《えいきょう》で、音楽に親しんだ少女

教育熱心な母親の勧《すす》めで、マレーネは幼《おさな》いころからバイオリンとピアノを習いました。また、一時期は、母親から買ってもらったリュートという楽器にも熱中しました。

そして、バイオリンの先生がマレーネのバイオリンの才能《さいのう》を高く評《ひょう》価《か》したこともあって、マレーネはバイオリニストをめざして音楽学校へ進学しました。その後、マレーネが左手を痛《いた》めて、バイオリニストになる夢《ゆめ》をあきらめたとき、いちばん悲しんだのは母親でした。

マレーネは、フランスのパリで亡《な》くなりましたが、遺言《ゆいごん》によってドイツのベルリンにあった母親のお墓《はか》の隣《となり》に埋葬《まいそう》されました。

六十八歳《さい》のとき、日本でコンサート

一九七〇年九月六日、当時六十八歳《さい》のマレーネはかねてから希望していた日本にやってきました。大阪《おおさか》で開かれていた万国博覧会《はくらんかい》で三日間のコンサートをするためでした。

コンサートの主催者《しゅさいしゃ》は、マレーネにもしものことがあってはと緊張《きんちょう》していました。

一日目のコンサートの最後に『リリー・マルレーン』を歌い終わると、大きな拍手《はくしゅ》がわき起こり、マレーネに花束を渡《わた》そうとする観客がステージにつめかけました。そのとき、係員が観客たちを制止《せいし》すると、マレーネは、「私《わたし》に花束をくれようとするファンをどうして遠ざけるの?」と言いました。

そして、二日目のコンサートからは、ステージにつめかけたファンの一人ひとりに、ていねいに握手《あくしゅ》をしたそうです。

マレーネ・ディートリヒに関わった人びと

マレーネの生涯《しょうがい》に関わった人物をくわしく見てみましょう。

ヨゼフィーネ・ディートリヒ

（1876 〜 1945）

深い愛情《あいじょう》をそそいだ母

若《わか》くして夫を亡《な》くし、再婚《さいこん》した夫も第《だい》一《いち》次《じ》世《せ》界《かい》大《たい》戦《せん》で戦死しました。

たとえさみしさや貧《まず》しさがあっても不自由な思いをしないようにと、楽器を習わせるなどゆたかな教育をほどこして深い愛情《あいじょう》をそそぎ、マレーネと姉を育てあげました。

ルドルフ・ジーバー

（1897 〜 1976）

映画《えいが》デビューを応援《おうえん》した夫

通称《つうしょう》ルディ。マレーネが使用人役で出演《しゅつえん》した映画《えいが》の助監督《じょかんとく》だったときに知り合い、結婚《けっこん》。スタンバーグ監督《かんとく》とともに彼女《かのじょ》を支《ささ》えました。

マレーネがアメリカのハリウッドに移《うつ》ったあとは、別々に暮《く》らしましたが、マレーネは生涯《しょうがい》の恋人《こいびと》として思いをかけました。

マリア・ジーバー

（1924 〜）

ルドルフとの間に生まれた娘《むすめ》

一人娘《ひとりむすめ》で、マレーネがハリウッドに移住《いじゅう》すると、ベルリンに住む祖母《そぼ》たちに育てられましたが、六歳のときに呼《よ》び寄《よ》せられます。

マレーネとの母子関係は難《むずか》しいこともありましたが、マリアは「母は友人であり、私《わたし》は侍女《じじょ》やセラピストでもあった」と語っています。

マレーネをスターにした映画《えいが》監督《かんとく》

ジョセフ・V《フォン》・スタンバーグ

（1894 〜 1969）

アメリカ合衆国《がっしゅうこく》のドイツ系ユダヤ人映画監督《えいがかんとく》。ドイツ初のトーキー（音声つき）映画《えいが》『嘆《なげ》きの天使』に、まだ無名だったマレーネを起用して大ヒットさせました。

その後、アメリカのハリウッドではマレーネとのコンビで『モロッコ』『上海《シャンハイ》特急』など、数かずのヒット作を生み出しました。マレーネは、スタンバーグ監督《かんとく》のことを心から信頼《しんらい》していたそうです。

アメリカ合衆国《がっしゅうこく》の大統領《だいとうりょう》

ジョン・F《エフ》・ケネディ

（1917 〜 1963）

アメリカ合衆国《がっしゅうこく》の政治家《せいじか》・大統《だいとう》領《りょう》。名門のケネディ家に生まれ、通称《つうしょう》ジャックと呼《よ》ばれました。

若《わか》いころ、ハリウッドでスターとなったマレーネと知り合い、親交を持ちました。

一九六一年、四十三歳《さい》の若《わか》さでアメリカ合衆国《がっしゅうこく》第三十五代大統領《だいとうりょう》に就任《しゅうにん》しましたが、一九六三年、テキサス州ダラスでパレードの最中に暗殺《あんさつ》されました。

マレーネの音楽パートナー

バート・バカラック

（1928 〜 2023）

ユダヤ人の血をひくアメリカ合《がっ》衆国《しゅうこく》の作曲家、音楽プロデューサー。一九五八年に、マレーネと出会い才能《さいのう》を認《みと》められて、以来、彼女《かのじょ》のツアーに参加し、指揮《しき》や編曲《へんきょく》、ピアノ伴奏《ばんそう》を行いました。

マレーネとのコンビを解消《かいしょう》したのち、多くの歌手に数多くのヒット曲を提供《ていきょう》し、映画《えいが》音楽『雨にぬれても』でアカデミー賞《しょう》主題歌賞《しょう》を受賞《じゅしょう》しました。

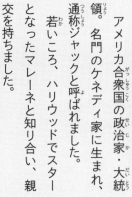

マレーネ・ディートリヒが歌った

『リリー・マルレーン』のエピソード

大戦中に歌われ、その後世界的にヒットした『リリー・マルレーン』にまつわるエピソードを紹介《しょうかい》します。

発売当初はまったく売れなかった

『リリー・マルレーン』は、もともとはドイツの歌謡曲《かようきょく》でマレーネの曲ではありません。ドイツ人歌手ララ・アンデルセンが、1939年にレコーディングし発売されたものです。そのときのレコードはあまり売れず、この曲は人びとに知られていませんでした。

その後、ベオグラードを占領《せんりょう》したナチス＝ドイツが前線の兵士《へいし》をなぐさめるために、この曲を繰《く》り返《かえ》しラジオで流しました。

すると、ドイツ兵だけでなく、ラジオを聴《き》いた敵軍《てきぐん》の兵士《へいし》も感動し、この曲はヨーロッパ中に広まっていきました。

歌手のアンデルセンは、ヨーロッパ各地で戦っているドイツ軍兵士《へいし》の慰問《いもん》に呼《よ》ばれるようになりました。

ところが、アンデルセンがユダヤ人と親しかったため、ナチスによって歌手活動は禁止《きんし》。レコードの原盤《げんばん》は没収《ぼっしゅう》されてしまいました。

マレーネの歌に兵士たちが感動

第二次世界大戦《だいにじせかいたいせん》中、『リリー・マルレーン』は、連合国軍の兵士《へいし》たちの口伝えで広まり、イギリスでは英語の歌詞《かし》が作られました。

そして、この曲に心を打たれたマレーネ・ディートリヒが、前線の兵士《へいし》たちの慰問《いもん》で歌い続けました。

マレーネは北アフリカ戦線の慰問《いもん》のとき、米軍のラジオ放送で英語で歌ったあと、ドイツ語でも歌いました。

敵《てき》ではありますが祖国《そこく》ドイツの兵士《へいし》にも、この曲が届《とど》くようにという思いを込《こ》めて歌ったのかもしれません。

戦争が起こるたびにリバイバルヒット

第二次世界大戦《だいにじせかいたいせん》後、ララ・アンデルセンは歌手に復帰《ふっき》して、世界各国で『リリー・マルレーン』を歌いました。マレーネ・ディートリヒも、コンサートでかならず歌いました。

この曲はフランス語、イタリア語、日本語の歌詞《かし》もつけられて、世界中の多くの歌手によってカバーされました。

その後、インドシナ半島、朝鮮《ちょうせん》半島、イスラエル、アラブ、ベトナムなど、世界各地《かくち》で戦争が起こるたびにリバイバルヒットし、今も歌い継《つ》がれています。

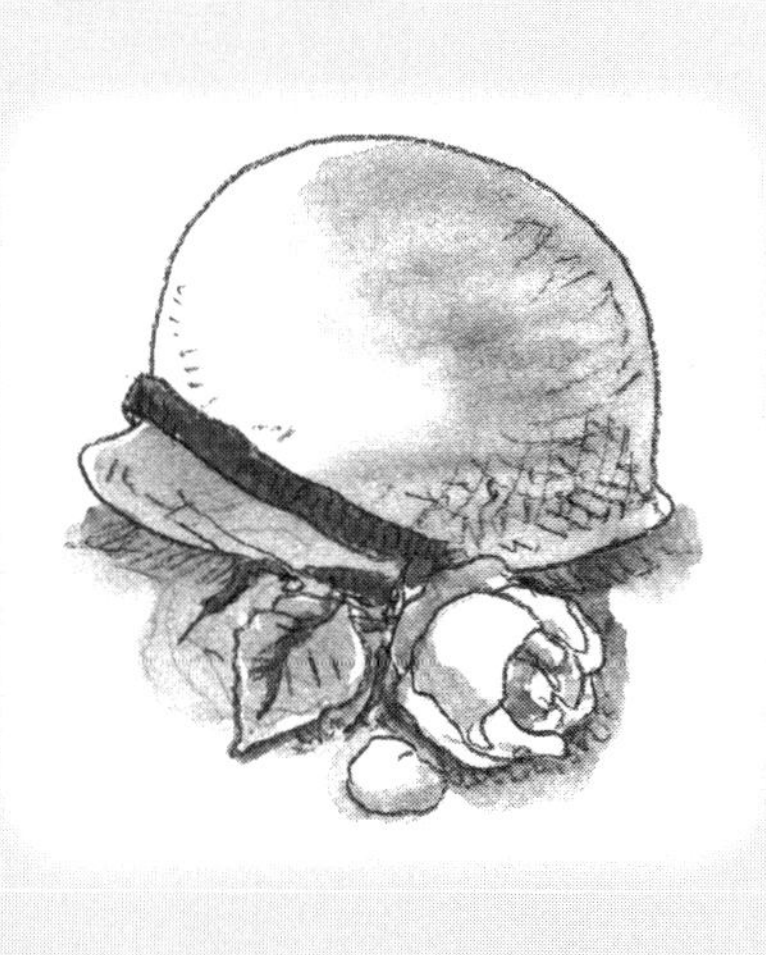

マレーネ・ディートリヒ 関連地図

マレーネ・ディートリヒに関係したおもな場所を地図で見てみましょう。

❸ハリウッド
（ロサンゼルス市）

スタンバーグ監督《かんとく》に見出されて移住《いじゅう》し、いくつもの映画《えいが》に主演《しゅえん》。世界に知られるスター俳優《はいゆう》となる。

❹ニューヨーク
（ニューヨーク市）

従軍《じゅうぐん》を経験《けいけん》して帰還《きかん》したあと、ハリウッドを離《はな》れて娘《むすめ》マリアと移《うつ》り住《す》む。

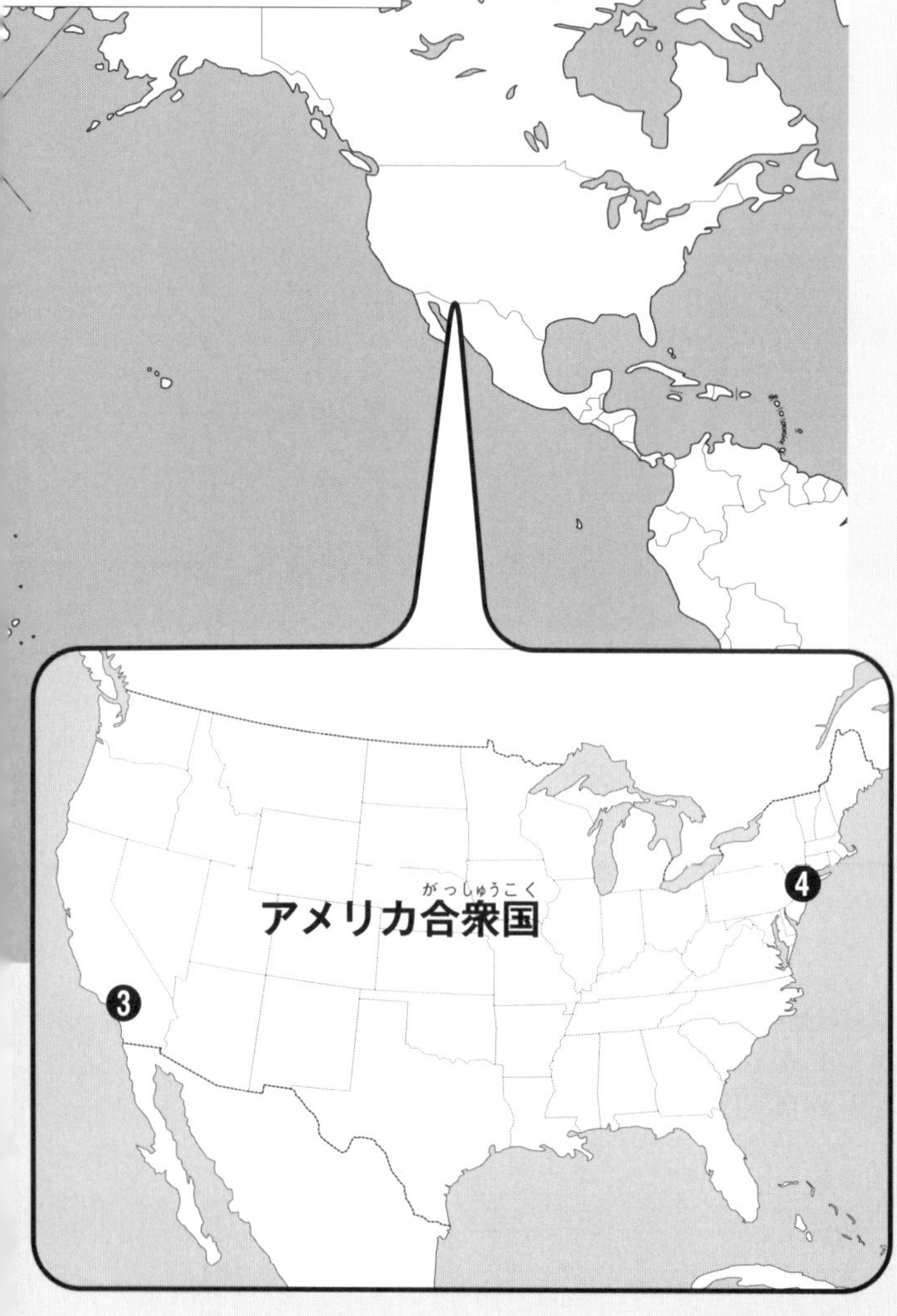

※国境線《こっきょうせん》は現在《げんざい》のもの

❺パリ（フランス）

第《だい》二《に》次《じ》世《せ》界《かい》大《たい》戦《せん》の終戦をパリで迎《むか》えた。ステージ引退後90歳《さい》で亡《な》くなるまで過《す》ごした。

❶ベルリン（ドイツ）

マレーネの故郷《こきょう》。20歳でラインハルト劇団《げきだん》の舞台《ぶたい》に立ち、映画《えいが》でもデビュー。結婚《けっこん》と出産をしたあと、スタンバーグ監督《かんとく》と出会う。

❷ワイマール（ドイツ）

17歳《さい》から音楽学校に通い、バイオリニストをめざす。

マレーネ・ディートリヒ年表

マレーネ・ディートリヒの生涯《しょうがい》をたどってみましょう。

西暦《せいれき》	年齢《ねんれい》	マレーネ・ディートリヒのできごと	社会のできごと
1901年		プロイセン王国（現在《げんざい》のドイツ）首都・ベルリンに生まれる。本名は「マリー・マグダレーネ・ディートリヒ」。	
1914年	12歳《さい》	第一次世界大戦《だいいちじせかいたいせん》が始まり、大戦中に継父《けいふ》が戦死する。	
1919年	17歳《さい》	ワイマールの音楽学校でバイオリニストをめざす。	1919年 ヴェルサイユ条約《じょうやく》で、第《だい》一次世界大戦《いちじせかいたいせん》に敗戦した国のドイツは多額《たがく》の賠償金《ばいしょうきん》を課せられる。
1922年	20歳《さい》	ベルリンのラインハルト演劇《えんげき》学校で学び舞台《ぶたい》に立つ。映画《えいが》『ナポレオンの弟』の使用人役で、映画《えいが》初出演《はつしゅつえん》。	
1923年	21歳《さい》	映画《えいが》『愛の悲劇《ひげき》』の助監督《じょかんとく》をしていたルドルフ・ジーバーと結婚《けっこん》。翌年《よくねん》、長女マリアを出産する。	
1929年	27歳《さい》	スタンバーグ監督《かんとく》に出会い、映画《えいが》『嘆《なげ》きの天使』に出演《しゅつえん》。	1929年 世界恐慌《きょうこう》が起こる。
1930年	28歳《さい》	スタンバーグ監督《かんとく》らに見込《みこ》まれアメリカに渡《わた》る。ハリウッド映画《えいが》『モロッコ』に出演《しゅつえん》する。	
1931年	29歳《さい》	娘《むすめ》のマリアをアメリカに呼《よ》び寄《よ》せる。	

1933年	31歳《さい》	ドイツへ向かう豪華《ごうか》客船「ヨーロッパ号」に乗船中、ヒトラー首相のラジオ放送を聞き、帰国を中止。
1939年	37歳《さい》	アメリカの市民権《しみんけん》を取得《しゅとく》。
1944年	42歳《さい》	慰問団《いもんだん》の一員として、ヨーロッパ前線におもむく。
1945年	43歳《さい》	パリで第二次世界大戦《だいにじせかいたいせん》の終戦を迎《むか》える。
1947年	45歳《さい》	兵士慰問《へいしいもん》の功績《こうせき》から、アメリカ市民として最高の栄誉《えいよ》である自由勲章《くんしょう》を授《さず》けられる。
1948年	46歳《さい》	アメリカ兵士《へいし》を慰問《いもん》するために、日本を訪《おとず》れる。
1953年	51歳《さい》	ラスベガスの「サハラ・ホテル」でショーデビュー。
1954年	52歳《さい》	ロンドンのナイトクラブ「カフェ・ド・パリ」と契約《けいやく》。
1960年	58歳《さい》	祖国《そこく》ドイツで公演《こうえん》を行う。 イスラエルで公演《こうえん》を行う。
1970年	68歳《さい》	日本万国博覧会《はくらんかい》のために来日する。
1975年	73歳《さい》	シドニーを最後にステージを離れる。
1976年	74歳《さい》	夫のルドルフ・ジーバーが亡《な》くなる。
1992年	90歳《さい》	パリで亡《な》くなる。

1933年	ヒトラーがドイツの首相に就任《しゅうにん》。
1939年	ドイツがポーランドに侵《しん》攻《こう》し、第二次世界大戦《だいにじせかいたいせん》が始まる。
1945年	ドイツが無条件降伏《むじょうけんこうふく》。 第二次世界大戦《だいにじせかいたいせん》が終結。 ナチスの戦争犯罪《はんざい》を裁《さば》くニュルンベルク裁判《さいばん》が開かれる。
1961年	ベルリンを西と東に分断《ぶんだん》するベルリンの壁《かべ》が建設《けんせつ》される。
1973年	東西ドイツが国連に加盟《かめい》。
1989年	ベルリンの壁《かべ》が崩壊《ほうかい》。
	東西ドイツが統一《とういつ》される。

NDC 289

文／江森 葉子

新伝記
平和をもたらした人びと 3巻
マレーネ・ディートリヒ

Gakken 2024　144P　21cm
ISBN 978-4-05-501409-0　C8323

新伝記　平和をもたらした人びと 3巻
マレーネ・ディートリヒ

2024年4月9日　第１刷発行
発行人／土屋　徹
編集人／芳賀靖彦
編集担当／岡部文都子　田所佳奈　渡辺雅典
発行所／株式会社Gakken
〒141-8416　東京都品川区西五反田2-11-8
印刷所／TOPPAN株式会社
製本所／株式会社難波製本

装丁・本文デザイン／荒井桂子
(@ARAI DESIGN ROOM)
イラスト／大塚洋一郎
構成・編集協力／松本義弘
（オフィス・イディオム）
写真／アフロ、PIXTA
校閲・校正／入澤宣幸　岩崎美穂　鈴木一馬

この本に関する各種お問い合わせ先

・本の内容については、下記サイトのお問い合わせフォームよりお願いします。
https://www.corp-gakken.co.jp/contact/
・在庫については、Tel 03-6431-1197（販売部）
・不良品（落丁、乱丁）については、
Tel 0570-000577（学研業務センター）
〒354-0045 埼玉県入間郡三芳町上富 279-1
・上記以外のお問い合わせは、
Tel 0570-056-710（学研グループ総合案内）

マレーネ・ディートリヒ　平和を求め続けた伝説の俳優

●参考文献

『永遠のマレーネ・ディートリッヒ』
（和久本みさ子編著　河出書房新社）

『ディートリッヒ自伝』
（マレーネ・ディートリッヒ著　石井英子・伊藤容子・中島弘子訳　未来社）

『マレーネ・ディートリッヒ 上下』
（スティーブン バック著　野中邦子訳　ベネッセコーポレーション）

『わがマレーネ・ディートリヒ伝』
（鈴木 明　潮出版社）